ちくま学芸文庫

独裁体制から民主主義へ

権力に対抗するための教科書

ジーン・シャープ
瀧口範子 訳

筑摩書房

目次

独裁体制から民主主義へ

——権力に対抗するための教科書

FROM DICTATORSHIP TO DEMOCRACY:

A Conceptual Framework for Liberation

by Gene Sharp

The Albert Einstein Institution
P. O. Box 455
East Boston, MA 02128, USA
Tel: USA + 1 617-247-4882
Fax: USA + 1 617-247-4035
E-mail: einstein@igc.org
Website: www.aeinstein.org

はじめに

長年私が関心を持ってきたのは、人々がどう独裁主義を防ぎ、打倒することができるかである。人間はそうした政治体制によって支配されるべきでも破滅させられるべきでもないと信じるにいたって、この関心はより深いものになっていった。そして、自由の大切さや独裁体制の性質（アリストテレスから全体主義の分析にいたるまで）、独裁体制の歴史（特にナチズムやスターリン下における制度）を研究するにつれて、その信条はますます強いものになっていった。

私はこれまで、強制収容所から生還した何人かを含め、ナチ時代の制度下で生き、苦汁をなめた人々に知己を得た。ノルウェイでは、ファシスト政権に抵抗しながら生き抜いた人々に出会い、またそこで死に絶えた人々の話を聞いた。ナチズムによる囚われから逃れた人々、また彼らの命を救った人々とも語り合った。

さまざまな国における共産主義制度の恐怖については、個人的な接触よりも書籍から学んできたが、この手の独裁体制は抑圧や搾取からの解放という名を借りて強いられるという点で、その恐怖は私にはことに痛恨極まりないものに思われた。

ここ数十年間は、パナマ、ポーランド、チリ、チベット、ビルマなどの独裁体制下に生きる人々を訪ね歩いたことによって、現代における独裁体制の実態もありありと知るようになった。中国共産党の侵略と闘ったチベット人、一九九一年八月にソ連で起こった守旧派によるクーデターを打ち負かしたロシア人、軍事主義の復権を非暴力的に阻止したタイ人たちを通して、独裁体制が狡猾な性質を備えているという厄介な側面も知るにいたった。

まだ多くの危険が存在し、それでも勇敢な人々が抵抗を続ける現場への訪問は続いた。そしてその度に、信じ難いほどに勇敢に行動する男たち、女たちのもの静かな英雄的資質への感服によって、残虐行為に対する哀しさと怒りの感情はさらに強められた。私が訪ねたのは、ノリエガ政権下のパナマ、ソ連の弾圧が続くリトアニアの首都ビルニュス、あの運命的な夜に祝祭的な自由化デモに戦車が初めて乗り込んだ北京の天安門広場、民主化反政府組織がジャングルの中に本拠を構える「ビルマ解放区」のマネプローなどがある。

死者たちの跡地を訪れたこともある。ビルニュスのテレビ塔や墓地、市民が撃ち殺されたリガの公立公園、ファシストが一列に並んでレジスタンスたちを射殺した北イタリアのフェラーラの中心地、あまりに若すぎる死を迎えた男たちの死体が埋まるマネプローの質素な墓地などである。独裁体制はどこで起ころうと、そうした死を残していくことは、哀しい現実である。

しかし私は、自身の懸念と経験から、暴政を防ぐことは可能なのではないか、相互の大量虐殺を経ることなく、独裁体制に抵抗することができるのではないかと思うにいたった。さらに、独裁体制を破滅させ、その焼け跡から再び新たな独裁体制が立ち上がるのを防ぐことは可能なのではないかという、確固とした希望を持つようになったのだ。

独裁体制崩壊を成功裏に収めるにあたり、苦難と死が無駄に費やされずにすむもっとも効果的な方法は何かを、私は注意深く考察することに努めた。そこには、独裁体制、抵抗運動、革命、政治思想、政府のしくみ、特に非暴力闘争に関して私が行ってきた長年の研究が取り込まれている。

本書は、その結実である。完全というものからはまだほど遠いだろう。それでも、他の方法を採るよりは、おそらくより強力で効果的な自由化運動を起こすための思想と計画を支えるいくつかのガイドラインを提供するものである。

必要に迫られ、かつ意図的な選択により、本書では独裁体制を倒し、新たな独裁政権が生まれるのを防ぐにはどうすればいいかという一般的な問題に焦点をあてている。特定の国のために詳細に及ぶ分析や処方箋を説くのには、私は適任ではない。しかし、一般的なものであっても、この分析が不幸にも今なお独裁体制の現実に直面する数々の国で、人々に役立ててもらうことを希望している。この分析は、それぞれの状況を鑑みてその有効性が図られなくてはならない。また自分たちの自由化闘争において、主たる手段を採用するのがどの程度まで可能か、あるいは可能なものにできるかを検討する必要があるだろう。

私は、この分析のいかなる箇所でも、独裁者を拒むことが簡単だとも、代償なしだとも推察してはいない。闘争は、どんなかたちを採ったとしても、複雑さと代償を伴うものである。独裁者と闘うことは当然、犠牲者を生むだろう。それでも、私が望んでいるのは、この分析が、犠牲者のレベルを相対的に低くしつつ効力を増すような戦略を考慮するよう、抵抗運動の主導者たちに働きかけることである。

さらに、この分析は、特定の独裁政権が終末を迎えれば、あらゆる問題が一斉に消滅することを意味すると解釈されるべきではない。ある政権の崩壊が、すぐさまユートピアにつながるわけではない。その代わりに、公正な社会的、経済的、政治的な関係性を築き、他のかたちをとった不正行為や抑圧を撲滅するための重い仕事と長い努力がこれから始まるのだ。どこであれ、独裁統治の下に生き自由を願う人々に、独裁体制をどう倒し得るかを考察したこのささやかな書物を役立ててもらえること、それが私の希望するところである。

一九九三年一〇月六日

ジーン・シャープ
アルバート・アインシュタイン研究所
マサチューセッツ州ボストン

第1章
独裁体制に直面することの現実

近年、さまざまな独裁体制——国内外に端を発するいずれのものにおいても——が、打倒をめざす民衆が結集するのに直面して、崩壊するか、存続を危うくするか、時には崩壊している。こうした独裁体制はたいてい磐石にして難攻不落に見えるのだが、場合によっては、民衆が一致団結し、政治的、経済的、社会的に抵抗すれば持ちこたえられなくなるのだ。

一九八〇年以来、エストニア、ラトビア、リトアニア、ポーランド、東ドイツ、チェコスロバキア、スロベニア、マダガスカル、マリ、ボリビア、そしてフィリピンといった国々で、民衆による非暴力を中心とした抵抗によって独裁体制が崩壊してきた。非暴力的な抵抗はまた、ネパール、ザンビア、韓国、チリ、アルゼンチン、ハイチ、ブラジル、ウルグアイ、マラウイ、タイ、ブルガリア、ハンガリー、ナイジェリア、そして旧ソビエト連邦のさまざまな地域（一九九一年八月に起こった守旧派によるクーデターの敗北では、顕著な役割を果たした）での民主化運動を推し進めてきた。

さらに近年になって、大衆による政治的抵抗[*1]は中国、ビルマ、チベットでも起こっている。こうした闘争は現在の独裁体制や占領を終焉させるにはいたっていないものの、抑圧的な政権の非人道性を世界コミュニティーに向かって示し、このかたちをとって闘争するという貴重な体験を国民に与えたのである。

もちろん、これらの国々で独裁体制が倒れたからと言って、社会における他の問題が一斉に解消したわけではない。貧困、犯罪、非効率な官僚制、環境破壊などは、冷徹な独裁体制が残していった遺物である。しかし少なくとも、抑圧による犠牲者の苦しみは大きく軽減し、政治における民主主義、個人の自由、社会的正義をより強く備えた社会への再建の道が拓かれたのである。

困難は続く

過去数十年間を振り返ると、確かに世界中で民主主義と自由へ向かう傾向が広く見られる。毎年、政治的権利と人権の現状に関する国際的調査を行うフリーダム・ハウスによると、近年「自由」に分類される国の数は増えている。[*2]

	自由	部分的に自由	自由でない
一九八三年	54	47	64
一九九三年	75	73	38
二〇〇三年	89	55	48
二〇〇九年	89	62	42

しかし、この喜ばしい傾向も、大多数の人々が今なお暴政下で暮らしているという事実によって相殺されてしまう。二〇〇九年現在、世界総人口六六億八〇〇〇万人のうち三四％が「自由でない」[*3]とされる国々、すなわち政治的権利や人権が極めて制限された地域に住んでいる。「自由でない」とされる四二カ国は、軍事独裁政権（ビルマのように）、伝統的な抑圧的君主制（サウジアラビアやブータン）、一党による独占支配（中国や北朝鮮）、占領国（チベットや西サハラ）などの統治下、あるいは変換期にある。

現在、多くの国が経済、政治、社会において急激な変化にさらされている。「自由」な国の数は近年増えたものの、根底を揺るがすような急速な変化に直面する過程で、逆走したあげく、新しいかたちの独裁体制に取り込まれる危険も大きくなっている。武装集団、野心的な個人、選挙で選ばれた役人、教条的な政党などが、繰り返し自らの思惑を押し付けようとするだろう。クーデターは今でも、そしてこれからも頻発し続ける。多くの国民の基本的な人権や政治的権利は、否定され続けていくのだ。

不幸なことに、過去はまだ終わっていない。独裁体制問題は根深い。何十年、いや何百年にもわたって国内や国外からの抑圧に耐えている国は多い。よくあるのは、権威者や統治者に無条件に服従するよう、人々が長年調教されてきたことだ。極端な場合には、その社会における社会的、政治的、経済的、そして宗教的機関ですら――国家の管理以外のものはことごとく――意図的に骨抜きにされ、支配され、果ては国や時の与党が社会を管理するために用いる新たな機関群に乗っ取られてきた。国民は往々にして原子化され（孤立した個人の集合に変えられ）、自由を勝ち取るために活動したり、互いを信頼したり、自分たちの主導で何かを成したりすることすらできなくなってしまう。

その結果がどうなるかは目に見えている。国民は弱体化し、自信を失い、抵抗することができなくなる。家族や友人の間ですら、独裁体制に対する嫌悪や自由への渇望を分かち合うのを怖れるようになる。怖れおののくあまり、民衆による抵抗を真剣に考えることすらできなくなるのだ。ともかく、そんなことをしてどうなるというのだ？　と。そうして、目的を失った苦しみと希望のない未来に向かうのである。

今日における独裁体制の状態は、以前より悪化しているのではないだろうか。過去においては、抵抗を試みる人々がいただろう。短期的であれ、集団的抵抗とデモが起こっただろう。おそらく、一時的にでも精神が高揚する時があっただろう。そうでなくても、個人や少人数のグループが何らかの原則を主張し、あるいは単に抵抗を掲げて、無力だが勇敢なジェスチャーを見せつけただろう。だが、動機がどんなに高尚なものであったとしても、そうした抵抗の行為は人々の恐怖感と従順の癖を払拭するにいたらなかった。恐怖感と従順の癖を克服することは、独裁体制を打倒するための前提条件なのに、だ。そうした行為が勝利と希望ではなく、より深い苦しみと死をもたらすだけに終わったのは残念なことだ。

暴力を通して自由は得られるか？

そうした状況でなされるべきは何か。明らかに正当なことはあるだろうが、それらは役に立たない。憲法や法律上の違法性や司法上の判決、世論は、たいてい独裁者によって無視される。したがって、残虐行為や拷問、誘拐、殺人などに反発する人々が、独裁政権を倒すには暴力しかないと結論づけるのも無理はない。怒りに満ちた犠牲者たちは時に組織化し、集められる限りの暴力的、軍事的手段を手にして、残忍な独裁者に立ち向かおうとするのだが、結果は彼らの思いとは正反対のものになる。勇敢に闘うが、たいてい苦難や死という代償を払うことになるのだ。時に目覚ましい成果を上げることもあるだろうが、自由を勝ち取ることはまずありえない。暴力を用いた反乱は相手の残忍な衝動を刺激し、民衆を以前よりもさらに不自由な状況に追い込むのだ。

暴力的な手段がどんなものであれ、明白なことがひとつある。**暴力的な方法に頼るのはまさに、抑圧者がほぼ常に優勢となるような闘いを選んでしまったということだ。**独裁者は、暴力を圧倒的なレベルで行使できる装備を備えている。民主化勢力の闘いの長短にかかわらず、いずれ無慈悲な軍事的現実がまわりを取り囲むようになるものだ。たいてい独裁者側にはより優れた軍事設備や弾薬、交通手段、兵士数が揃っている。勇敢さはあれども、民主化勢力は（ほぼ常に）かなわないのだ。

従来の軍事的反乱が非現実的であると悟ると、ゲリラ戦に走る反体制者たちもいる。しかし、ゲリラ戦が抑圧された民衆を助け出したり、民主主義へ誘ったりすることはほとんどない。ゲリラ戦は、どう見てもよい解決策ではないというのは、ことに自らの部隊の犠牲が多大なものになりやすいという事実に現れている。ゲリラ戦を擁護するさまざまな理論や戦略的分析、また国際的な支援もあろうが、それらの手法によって失敗を回避できる保証はない。たいていのゲリラ闘争はかなり長期化する。民衆は、統治政府によって強制退去させられることも多く、それがまた苦しみと社会的孤立をもたらす。

ゲリラ戦は、もし成功したとしても、その後に顕著な長期的構造欠陥をもたらす。攻撃を受けた政権は、その対策としてただちにより独裁的になる。ゲリラ側が最終的に成功を収めても、その結果生まれた政権は、拡散した軍事力を中央に集めて強力にし、闘争中に活動していた独立した社会組織や機関を弱体化したり解体したりすることによって、前政権よりももっと独裁的になることがしばしばある。こうした組織や機関は、民主主義社会の構築にとってなくてはならないものであるにもかかわらず、だ。したがって、独裁体制に敵意を持つ人間は、別の手段を探さねばならない。

クーデター、選挙、あるいは国外からの救世主？

他と比べると、軍事的クーデターはことに不快な政権を打倒するために、最も簡単で手早い方法に見えるかもしれない。しかし、この手法には非常に深刻な欠陥がある。中でも最大の欠陥は、政権を握るエリート・軍部と民衆との間に存在する権力の不均衡な分配を温存することだ。政権から特定の個人や少数派を取り除いたとしても、およそ他のグループがまたそこに納まるだけのことだろう。このグループは理論的には以前よりも穏健に行動し、民主化改革に向けて限られた方法でオープンな立場をとるだろうと思われる。しかし、実際に起こるのはその逆だ。

新しいグループは、地位を確固たるものにすると、前任者よりもさらに残酷で、さらに功名心に燃えた存在になることもある。その結果、新しいグループは、――希望を託されていたにもかかわらず――民主主義や人権に何ら配慮することなく、自分たちのやりたい放題をするようになる。独裁体制問題を解決する答として、これは失格だ。

顕著な政治変化を起こす手段である選挙も、独裁体制下では可能ではない。旧ソビエト連邦の勢力下にあった東欧ブロックなどでの独裁政権は、まるで民主主義に見えるような動きをとり続けた。だが、そこで行われた選挙は、すでに独裁者が指名した候補者を追認させるために巧妙に仕掛けられた国民投票に他ならなかった。独裁者が再選挙に同意することもあっただろうが、その場合は政府関連組織の操り人形にすぎない民間人を配置して、不正操作するのだ。一九九〇年のビルマや一九九三年のナイジェリアで起こったように、もし対立党の候補が出馬を許され、さらに勝つことがあっても、選挙結果は無視されるだけで、「勝者」は脅迫されたり逮捕されたり、あるいは処刑にさらされるのだ。独裁者を玉座から引きずり降ろすこともある選挙は、彼らが関心を持つ営みではないのだ。

現在、残酷な独裁体制下にある人々や独裁政権の直接の囚われから逃れた亡命者たちは、抑圧された人間が自らの力で解放を勝ち取ることはないと確信している。外からの働きかけだけが、人々を救えるのだと期待するのだ。そして、国外の力へ信頼を寄せるようになる。独裁者を打倒するのに十分な力を持つのは、国際的な援助しかないと考えるのだ。

抑圧された人々が効果的に行動できないとする見方は、ある一定期間においては正しいものでもある。先述したように、抑圧された民衆は、残酷な独裁政権に直面する力が自分たちにあるとは信じておらず、また自らを救い出す手はずも持ち合わせないため、闘う気力を持てず、一時的に不能な状態に置かれるのだ。したがって、多くの人々が解放への希望を他者に託すのも理解できる。この場合、外部の力というのは、「国際的世論」、国連、特定の国家、あるいは海外からの経済的、政治的な制裁といったところだろう。

そうした筋書きは慰めにはなるが、外部の救世主に頼ることにも深い問題がある。その手の信頼は、完全な間違いであるかもしれないということだ。たいていの場合、海外から救世主は現れないし、またもし他国が介入したとしても、信頼を置くべきではないだろう。

他国の介入を信頼したらどうなるかという無情な現実を、以下に強調しておきたい。

・他国はしばしば、自らの経済的、政治的利益を得るために、独裁政権を黙認し、あるいは積極的に支持することとすらある。

・他国は、他の目的を達成するために、自由化を手助けするという約束を反古にして、抑圧下にある民衆を売り渡すこともある。
・他国の中には、その国に対する自らの経済的、政治的、軍事的支配を手にしたいがためだけに、独裁政権に歯向かうところもある。
・他国は、国内の抵抗運動が独裁政権を揺さぶる、あるいはその兆しが見えると、前向きな目的で動き始めることもある。つまり政権の残忍な性質に海外の注目が集まるのを意識して、初めて介入に乗り出すのだ。

独裁体制が存在し続ける理由は、たいてい国内での権力配分にある。民衆と社会は、独裁政権を揺るがすにはあまりにも弱く、富と権力はごく限られた人々の手中にしかない。独裁政権は、国外からの行動によって利益を受けたり、ある程度弱体化したりすることもあろうが、その存続は主に内部要因によっているのだ。

一方、国際的な圧力は、勢力を帯びた国内の抵抗運動を支援するような場合には非常に効果的なものとなる。たとえば国際的な経済ボイコット、通商停止、外交関係の断絶、国際的組織からの追放、国連関連組織による非難などは大きな力となる。しかし、国内に強い抵抗運動がなければ、他国によるそうした働きかけが起こることは考えにくい。

厳しい現実を直視する

ここで厳しい結論を出さねばならない。もし、独裁体制を最も効果的に、しかも最小の代償で倒すことを望むならば、すぐに次の四つの任務に取り組むことが必要だ。

・抑圧された民衆自身の意思や自信、抵抗技能を強化すること。
・抑圧された民衆が関わる独立した社会グループや機関を強化すること。
・国内で強力な抵抗勢力を築くこと。
・解放のための全体戦略計画を練り、それをうまく実行すること。

自由化闘争では、自助努力と抵抗勢力を内側から強化することが必要となる。そのことは、チャールズ・スチュアート・パーネルが、一八七九年と一八八〇年の家賃不払いストライキの際に掲げた。

政府に頼っても役には立たない……信頼すべきは、自らの意思のみだ……共に立ち上がり……弱みを抱える仲間を強め……結団し、組織化せよ……さらば勝つなん……

この問いかけが、交渉に向けて十分に熟していけば、そしてそうした時に初めて、勝利は訪れるのだ。*4

強力で自助的な勢力が賢明な戦略を手に、修練された勇敢な行動を起こし、純粋な力を持って向き合えば、独裁体制はいずれ崩壊する。しかし、最低限、上記の四項目を達成することが必須だ。

これまで述べてきたように、独裁体制からの自由化は、究極的には人々が自らを解放できる能力によっている。上に挙げた政治的抵抗の成功例――あるいは、政治的目的を達成するための非暴力闘争――は、民衆が自分たちを解放する方法が確かに存在することを示しているのだが、その選択肢はまだ未開発のままだ。以下の章では、これらの選択肢をひとつひとつ検討していく。だが、その前に、独裁体制を解体するための方策として交渉という問題について考えてみたい。

*1　同用語を最初にこの文脈で使ったのはロバート・ヘルヴィーである。「政治的抵抗」は、非暴力闘争（抗議、非協力、そして介入）が挑戦的に、また活発に政治的目的のために使われたものである。この

用語は、非暴力闘争が平和主義や、道義的、宗教的な〝非暴力〟と混同したりゆがめて解釈されたりすることへの対応として生み出された。「抵抗」とは、降伏の余地を残すことなく、非服従によって意図的に権威に対して挑戦することを意味する。「政治的抵抗」とは、行動が用いられている環境（政治的）と同時に、その目的（政治的な力）を示している。この用語が用いられるのは主として、民衆が政権の力の源を容赦なく攻撃し、戦略の計画と運営を慎重に行うことで、政治機関の支配を独裁政権から奪い返すことを指す。本書では、政治的抵抗、非暴力抵抗、非暴力闘争は相互交換可能なものとして使われているが、後者ふたつは、一般的により広範な目的（社会的、経済的、心理的など）に関連している。

＊2　Freedom House, *in the World*, http://www.freedomhouse.org

＊3　同書より。

＊4　Patrick Sarsfield O'Hegarty, *A History of Ireland Under the Union, 1880–1992*, London: Methuen, 1952, pp. 490–491.

第2章
交渉に潜む危険性

独裁政権に立ち向かうという重大な問題に直面する時（第1章で考察したように）、受け身になって屈服状態に陥る人々もいるだろう。そうでなくても、民主主義を実現する見込みはないと見て、明らかに永続する独裁体制と折り合いをつけなければならないと考えるようになる人々もいる。彼らは、「調停」や「妥協」、「交渉」などの方法を通じて、何らかの前向きな要素を引き出し、ひどい状況にピリオドを打つことができるはずだと期待するのだ。他に現実的な選択肢がない中で、この考え方には惹かれるものがあろう。

非人道的な独裁政権に真剣な闘争を挑むというもくろみは、心地よいものではない。なぜ、そんな道を採らなければならないのか？　分別を持って話し合い、独裁体制の終焉へ向けて少しずつ交渉を進めていくことはできないのか？　独裁者にも人間性を理解する感覚はあるだろうから、民主主義をアピールして、独裁を少しずつ弱めていき、最後には完全に民主主義の樹立へ譲るよう説得できないのか？

片方の言い分だけに真実があるわけではないと、よく言われる。おそらく独裁者が困難な時期を乗り切るために、良かれと思って行動したことを、民主化勢力側が勘違いしたのかもしれない。あるいは、もし、何らかの奨励や誘いがあれば、困難にある国家のために、独裁者は喜んで自らの地位を明け渡そうとするはずだと思う人々もいるだろう。独裁者に「ウィン・ウィン」、つまり双方とも得するような方法を与えてはどうかという議論もあるだろう。

反体制民主化勢力が、交渉によって平和裏のうちに対立を解決しようという意思があるのならば（そうしたことに長けた個人、あるいは他国政府の支援を得る場合もあろう）、これ以上闘争を続けて、危険と苦悩を生むのは不必要だという考えもあろう。闘争が軍事的戦争ではなく、たとえ非暴力的に行われるとしても、困難な闘いをするより望ましいのではないだろうか？

交渉することの長所と限界

交渉という手段は、ある種の対立問題を解決する際には非常に有効なものだ。したがって、適切だと考えられる場合には、決して軽視されるべきではない。

挑んでいるのが何ら根源的な問題ではない状況、つまり妥協があってもよいという場合には、交渉は対立を解決するための重要な手段である。賃金値上げを求める労働者のストライキは、対立の中で交渉が適切な役割を果たすという好例だ。交渉の結果もたらされるのは、当初双方から提示された額のどこか中間点での増額だろう。しかし、合法的な労働組合による労働争議は、残酷な独裁政権を相手どって、その存続か政治的自由かを賭けた闘いとはあまりにも違いすぎる。

宗教的原理、人間の自由、あるいは未来永劫における社会発展といった根源的な問題が争点となる時、交渉という方法が相互に満足できる解決策をもたらすことはない。ある種の基本的な問題においては、妥協はあってはならないからだ。基本的な問題をまともに擁護できるのは、民主化勢力側に力関係がシフトした時だけである。そして、そのシフトを実現させるのは闘争であって、交渉ではない。だからと言って、交渉に出るべきでないというわけではない。強い反体制派の民主化勢力が欠落している状況下では、強靭な独裁政権を追放する手段として、交渉は現実的なものではないと言いたいのだ。

交渉を選択肢としてすら考えるべきでないこともある。確固と根づいて、そこに安住する独裁政権は、反体制民主化勢力との交渉を拒むだろう。あるいは、交渉開始後に、民主化勢力の交渉者が姿を消し、以降居場所がつかめなくなることもある。

降伏は交渉によって得られるか？

独裁体制に反対する個人やグループが交渉を選ぶ場合は、たいてい優れた動機に基づいているものだ。ことに、非人道的な独裁政権に対する軍事的な闘争が何年も続きながら、最終的な勝利を勝ち取れない状況なら、たとえ政治的信条が何であれ、誰でも平和を望むだろう。また独裁体制側が明らかに軍事的に優勢で、味方の破壊や犠牲がこれ以上耐えられないものになった時にも、民主化勢力は交渉に目を向け始めるだろう。暴力と暴力の応酬というサイクルを止めて、民主化勢力の目標のいくつかを引き出すために他の方法を探りたいという強い誘惑が起こるのだ。

独裁政権が、民主化勢力との交渉を通じて「平和」を提供しようと言ったならば、もちろん、それは不誠実なものと言うしかない。独裁者は、反体制派が闘いを中止するのならば、自分たちの暴力をすぐに止めると言うだろう。自ら進んで、人間の尊厳と権利への尊重を回復し、獄中の政敵を解放し、拷問を止め、軍事行動を中止し、政治から去って、国民に謝罪すると言うだろう。

独裁体制が強力であるのに、目障りな抵抗が存在する場合、独裁者は「和解」を装って反体制派と交渉し、相手を降参させたいと望むだろう。そんな交渉の呼びかけは魅力的かもしれないが、交渉の場には大きな危険が待ち伏せしている。

他方、例外的に反体制派が強力な場合、独裁者は純粋に怖れを抱いて、自らの権力と富を可能な限り護ろうと交渉を求めることもあろう。だが、どんな場合でも、民主化勢力は独裁者の目的達成のために手を貸すべきではないのだ。

民主化勢力は、交渉のプロセスの中に独裁者が意図的に仕掛けた罠がひそんでいることに注意しなければならない。政治的自由が争点となっている中で、独裁者が交渉を呼びかける時、それは民主化勢力を手なずけて平和的に降伏を引き出し、その一方で非人道的な行為を続けようとする企みだろう。こうしたタイプの対立において交渉が適切な役割を果たすのは、果断な闘争が終わり、独裁者の権力がうまく弱体化されて後、独裁者が国際空港へ向かうための個人的な安全を確保したい時だけである。

交渉における力と正義

もし、この見方があまりに厳しく断定しすぎであると映るならば、交渉に対して抱いているロマンティシズムをいくらか緩和する必要があるだろう。交渉とはどのように行われるのかに対しては、明晰な思考が求められるのだ。

「交渉」は、双方が平等だという前提で同じテーブルにつき、対決を生んだ互いの相違点を解決しようとするものではない。ここでは、次の二点を押さえておかねばならない。ひとつは、交渉で到達する最終合意の中身を決定するのは、相互の意見や目的を照らし合わせた上での公正さではないということ。もうひとつは、交渉から得られる合意は、両サイドの力関係に大きく影響を受けるということだ。

ここで、厄介な疑問がいくつか出てくる。もし、交渉のテーブルで相手が合意しなかった場合、後に目的を達成するためにはどうすればいいのか。あるいは、互いに合意に達したにもかかわらず、相手が約束を破り、合意を無視して力ずくで自らの目的を達成しようとしたら、どうすればいいのか?

交渉における和解は、争点となっている問題において、何が正しく何が間違っているかを査定して得られるのではない。それについては多くの議論があるだろうが、交渉が到達する実際の結果は、双方の絶対的かつ相対的力関係をどう評価するかによってもたらされる。最低の要求が却下されないようにするために、民主化勢力は何をすればいいのか?独裁者は統治にとどまり、民主化勢力を制圧しようと、どんな手に出るだろうか?言葉を換えれば、こういうことだ。もし合意が生まれるのならば、それは、お互いの力がどの程度のものかを比較して見積もり、オープンな闘争がどう終焉し得るかを双方がそこから計算した結果に近い。

また、合意に達するためにそれぞれが何を放棄してもいいと考えているかも、留意すべき点である。成功を収める交渉には、妥協、すなわち差を縮める動きが見られる。どちらの側も、要望していたものの一部を受け入れ、目的の一部をあきらめるのだ。

しかし、極端な独裁体制の下で、民主化勢力が独裁者に歩み寄れるものとは何なのか？独裁者の目的の中で、民主化勢力が受け入れられるものは何か？　民主化勢力は、今後の政権において独裁者（独裁政党であれ、軍事派閥であれ）に合憲的で恒久的な役割を与えるべきか？

たとえこれらすべてが交渉でうまく進んだとしても、次の問いを発する必要がある。その結果訪れるのは、どんな平和なのか？　そこでの生活は、民主化勢力が闘争を開始した時、あるいは継続した場合よりも改善されるのか、それとも悪化するのか？

「合意を取り繕う」独裁者たち

独裁者の統治の根底には、多様な動機と目的があるだろう。権力、地位、富、社会の再生といったものだ。心すべきは、もし彼らが統治の地位を断念したら、このどれもが手に残らないということだ。したがって独裁者は、交渉において自分の目的を護ることに努めるだろう。

つまり、交渉の合意において独裁者が何を約束しようとも、彼らは反体制派から服従を引き出し、その後に平然とその約束を反古にするのだということを、決して忘れてはならないのだ。

もし、民主化勢力が一時的に抑圧を免れるのと引き換えに抵抗運動を中止すると合意するならば、最終的に彼らは非常に落胆することになるだろう。抵抗運動を停止した結果、抑圧が弱まることはまずありえない。国内外の抵抗勢力による抑えがなくなれば、独裁者は弾圧や暴力を以前よりも一層過酷なものにしさえするだろう。主要な抵抗勢力の崩壊は、独裁政権による統治と非人道的行為を制限していた圧力を取り除いてしまう。そうなると暴君は、いかなる相手をも踏みにじっていくことができるのだ。「暴君が苦痛を負わせる力を発揮するのは、われわれが抵抗する力を失ったところだけである」と、クリシュナラル・シュリダラニも書いている。[*5]

根源的な問題が争点となっている対決においては、交渉ではなく抵抗こそが変化をもたらすのに不可欠だ。独裁者を追放するためには、どのような場合においても抵抗運動を継続しなければならない。成功するかどうかはおよそ、和解交渉によってではなく、手にできる限り最強の抵抗手段を、最も適切な方法で賢く使い続けられるかどうかによっている。これから詳しく検討するが、政治的抵抗、あるいは非暴力闘争こそ、自由のために闘う人々に与えられた最強の手段であるというのが、われわれの論点である。

どんな平和か?

仮に、民主化勢力が独裁者と平和について話し合うことがあれば、その時はきわめて明快な思考が求められる。というのも、そこには危険が潜んでいるからだ。たとえ「平和」という言葉が口から出ても、誰もが自由と正義を伴った平和を意味しているのではない。残酷な弾圧に屈し、何十万もの人を虐殺するような独裁者に受動的に降伏することは、本当の平和ではない。ヒットラーもしばしば平和を唱えたが、彼の言う平和は自身の望むところに人々を降伏させることだった。独裁者の語る平和とは、たいてい牢獄や墓場の平和にすぎない。

それ以外にも危険はある。よい意図を持って交渉に臨んだとしても、時に交渉の目的や交渉プロセス自体が混乱に陥ってしまうこともある。さらに、民主化勢力の交渉者や交渉を支援する他国の交渉専門家が、ちょっとした拍子に国内外での合法性を独裁者に与えてしまうことがある。それまでは、独裁者が国土を押さえ、人権を侵害し、残忍な行為に及ぶために、その合法性は否定されてきたにもかかわらず、だ。独裁者は、永遠の統治を狙って合法性を切望する。平和交渉に臨む代表者たちは、独裁者を合法化するようなことはしてはならないのだ。

希望がある理由

前述した通り、民主化闘争に希望を失った反体制派のリーダーたちが、やむなく交渉を選ぶしかないと感じることもあるだろう。だが、その無力感を変えることは可能だ。独裁者は永遠のものではない。独裁体制下に暮らす人々が弱いままである必要はなく、独裁者も永遠に強力であることを許される必要もない。その昔、アリストテレスはこう語っている。「……少数独裁政治と暴君政治は、どんな憲法よりも短命だ……暴君政治はどれも長続きしなかった」[*6]。現代の独裁体制もまた脆弱なものだ。彼らの弱点を悪化させることは可能であり、独裁者の権力を解体させることも可能なのだ（第4章で、こうした弱点を詳しく検討する）。

近年の歴史には、独裁体制の脆弱さや、独裁政権が比較的短い時間で崩壊可能なことを示す例が見られる。一九八〇年から一九九〇年までの十年間で、ポーランドと東ドイツの共産主義体制が崩壊し、チェコスロバキアでは一九八九年の数週間で同じことが起こった。一九四四年にエルサルバドルとグアテマラで、確固と根づいていた残虐な軍事独裁体制が倒されるのに要したのは、いずれも約二週間だ。軍事的にも強大だったイランのシャー体制は、数カ月のうちに弱体化した。フィリピンのマルコス独裁政権は、一九八六年の数週間で民衆の目前に倒れた。ちなみに、アメリカは反体制派の優勢が明らかになると、マルコス大統領を見離した。一九九一年八月にソ連で起こった守旧派によるクーデターは、政治的抵抗がそれを阻止した。その後、長期の独裁体制下にあった多くの国が、数日、数週間、数カ月の間に国民の自由を回復したのだ。

暴力的手段はいつもすぐに効果を発揮し、非暴力的手段はかなり長い時間がかかるという古い先入観が有効でないのは明らかだ。根本的な状況や社会を変えるには確かに時間がかかるが、独裁者に対して非暴力的闘争を用いた場合、現実の闘いは比較的迅速に起こるものだ。

壊滅か降伏かを争う戦争が続く中で、それを収めるのは交渉だけではない。上に挙げた例、そして第1章で触れた例からも明らかなように、平和と自由の両方を欲するならば、別の選択肢があるのだ。それが、政治的抵抗である。

＊5 Krishnalal Shridharani, *War Without Violence: A Study of Gandhi's Method and Its Accomplishments*, New York: Harcourt, Brace, 1939（rep. New York and London: Garland Publishing, 1972）, p. 260.

＊6 Aristotle, *The Politics*, trans. T. A. Sinclair, Harmondsworth, Middlesex, England and Baltimore, Maryland: Penguin Books, 1976 [1962], Vol. V, Chapter 12, pp. 231–232.（邦訳＝アリストテレス『政治学』田中美知太郎他訳、中公クラシックス、二〇〇九年など）

第3章
政治的な力は何に由来するのか？

社会に自由と平和を共にもたらすのは、もちろん簡単なことではない。強力な戦略的技能、組織、そして計画が必要だ。何よりも力を必要とする。民主化勢力は、自分たちの力を効果的に使わずして、独裁体制を打倒し、政治的自由を打ち立てることはできない。

しかし、どうすればそれが可能になるのか？　反体制民主化勢力はどういった力を動員すれば、独裁政権や巨大な軍部と警察のネットワークを倒すことができるのか？　その答は、政治的な力をどう理解するかという見すごされやすい点にある。政治的な力への洞察を得るのは、さほど難しいことではない。基本的原理は実にシンプルなものだ。

「猿の主人」の寓話

たとえば、一四世紀の中国の作家、劉基による寓話は、政治的な力がいかに理解されていないかを実にうまく描いている。[*7]

封建時代の楚の国に、猿を召使いにして暮らしている老人がいた。楚の国の人々は、彼を「猿の主人」と呼んでいた。

毎朝、老人は中庭に猿たちを集め、その中の老猿に命じた。若い猿たちを山へ連れて行き、茂みや木から果実を採ってくるように、と。収穫の十分の一を老人に献上するのがルールだった。それができない猿は、無情に鞭で打たれた。猿たちはみな惨めな苦しみを味わっていたが、敢えて不平を訴えようとする者はいなかった。

ある日、子猿が他の猿に尋ねた。「果樹や林の木は、あの老人が植えたの?」と。聞かれた猿は答えた。「いや、自然に生えてきたものさ」。子猿はさらに尋ねた。「老人の許可がないと、果実を採ってはならないの?」。猿たちは言った。「いや、誰が採ってもいい」。子猿は続けて尋ねた。「それじゃあ、なぜ老人に飼われてなきゃならないの? なぜ彼の召使いじゃなきゃいけないの?」

子猿がそう言い終わるか終わらないかのうちに、猿たちはみなハッと覚醒した。その夜、老人が眠りに落ちるのを見届けて、猿たちはこれまで閉じ込められていた囲いの柵をはずし、囲いそのものを破壊した。また、老人が蔵に貯めていた果実を盗み出し、それを持って森へ逃げ、二度と戻ることはなかった。老人は、ついに飢え死にしたのである。

郁離子曰く、「世の中には、正当な原理ではなく、策略によって民衆を支配する者がいる。まるで猿の主人のようではないか？　彼らは、頭の中が雑念で混乱しているのがわかっていないのだ。民衆が目覚めるやいなや、彼らの権謀はもはや効力を持たなくなる」。

政治的な力を成り立たせているもの

原理は簡単だ。独裁者は、統治する民衆の支えを必要とするということだ。これがないと、政治的な力の源を確保し維持することはできない。政治的な力の源には、以下のようなものがある。

・権威……その政権が正当であり、それに従うのが道徳的義務であるとする民衆の信奉。
・人的資源……統治者に従い、協力し、支援を提供する人やグループの数とその重要性。
・技能と知識……政権が特定の行為を遂行するのに必要とされ、協力者や協力グループによって提供される技能と知識。
・無形の要素……統治者に従い、支援するよう民衆を誘導する心理的、観念的な要素。
・物的資源……統治者が、財産、自然資源、金融資産、経済システム、コミュニケーション手段、交通手段などを管理し、それにアクセスできる度合い。
・制裁……不従順あるいは非協力的な者に対する処罰で、その脅しと実際の適用の両方を含む。これによって、政権が存続し、その政策を運用するのに必要な降伏と協力とを確保する。

この政治的な力の源はすべて、民衆側が政権を受け入れ、降伏し、従順することによっており、また社会の無数の人々や多機関の協力によって成り立っている。ところが、これらは保証されたものではないのだ。

政治的な力の源は、全面的な協力や従順、支援を受けることによってさらに満たされ、そうなればどの政府の場合であれ、力を増大することにつながる。

反対に、民衆や機関が侵略者や独裁者に協力しなくなれば、どんな統治者であっても依存している力の源が枯れていき、時には断たれる。そうした源を失うと、統治者の力は弱体化し、ついには消滅するのだ。

当然のことながら、独裁者たちは、自分たちの行為に制限をかけるような行動や考えに敏感に反応するものだ。だからこそ、不服従を通したり、ストライキを起こしたり、協力しない者を脅迫し、処罰しようとする。しかし、物語はそれで終わりではないのだ。弾圧、あるいは非人道的な行為に及んでも、いつも政権機能に必要なレベルの降伏や協力を回収できるとは限らないのだ。

もし、抑圧の真っただ中にあっても、力の源が制限されたり分断されたりすれば、独裁政権側は安定を欠き、混乱を引き起こして、民衆側は最初の成果を手にすることになるだろう。その後に起こるのは、独裁政権の明らかな弱体化だ。力の源を差し止めれば、そのうち独裁政権側に麻痺と機能不全が起こり、ひどい場合には解体してしまうことすらある。独裁者の力は、政治的飢餓によって、遅かれ早かれ死に絶えるのだ。

どの政府であれ、その自由や暴政のレベルは、それが統治する対象がどれだけ自由を決意しているか、また彼らを隷属させようとする圧力に対して、どれだけ抵抗する意思と能力を持っているかを、大きく反映するという。

一般的な見方に反して、全体主義的な独裁体制ですら、それが支配する民衆と社会に依存している。政治学者のカール・ドイッチは、一九五三年に次のように書いている。[*8]

独裁体制の権力が強力でいられるのは、それがあまり頻繁に行使されない場合に限られる。もし、その権力が民衆全体に対して常に行使されなければならないと、確固たる力を長期間にわたって保つことはできない。独裁政権は、他の形態の政府と比べて、対象を治めるのにより多くの力を用いるため、政権は民衆の間に頼るに十分な服従的習慣が広まることを大いに必要とする。そしてそれは、有事の際にそれなりの数の民衆が積極的に支持してくれると見込めることよりも重要なものなのである。

一九世紀イギリスの法理論家、ジョン・オースティンは、民衆に愛想をつかされた独裁体制が置かれる状態について記している。[*9]もし民衆の大部分が政府を倒壊させたいと決意し、そのために弾圧を受けることをいとわなければ、支持者も含めた政府の力はたとえ国外からの援助があっても、嫌悪された体制を保持できないというのが、オースティンの議論だ。果敢に抵抗する人々を、永遠の服従や征服の下に引き戻すことはもはやできないと、オースティンは結論づける。

さらにさかのぼって、ニッコロ・マキャヴェリは、君主は「……民衆全体を敵に回してしまったら、決してその地位に安住することはできず、残酷になればなるほど体制は弱体化する」と述べている。[*10]

この洞察を政治面で実現させたのは、ナチ占領に対するノルウェイでの抵抗運動であり、また第1章で触れたように、共産主義体制の侵略行為と独裁体制に抵抗し、ついにはヨーロッパの共産主義崩壊の発端を作った勇敢なポーランド、ドイツ、チェコ、スロバキアなどの多くの民衆である。これは、もちろん何も新しい現象ではない。非暴力抵抗運動の起源は、少なくとも紀元前四九四年のローマ帝国にまでさかのぼることができる。この時、一般民衆は貴族階級に協力するのをやめた。[*11] ヨーロッパと同様に、非暴力闘争は、アジア、アフリカ、南北アメリカ、オーストラリア、太平洋諸島においても、さまざまな時に人々が用いてきた手段なのである。

まとめると、政府の力をどの程度まで保てるかは、次の三つの主要素によって左右される。(1)政府の力に歯止めをかけようとする民衆の**要望**の度合い。(2)被統治者の独立的組織や独立的機関が、力の源となっているものを一斉に撤退させられる**統率力**の度合い。(3)大衆が、政府への同意や援助を保留できる**能力**の度合い。

民主的な力の中心

民主的社会の特徴として、国家から独立した非政府グループや機関が多数存在することが挙げられる。たとえば、家族、宗教組織、文化的協会、スポーツ・クラブ、経済機関、労働組合、学生協会、政党、村、町会、園芸クラブ、人権組織、音楽グループ、文学協会などがこれに含まれる。こうした団体は独自の目的を持ち、社会的な要望を満たす助けをしているという点で重要である。

また、これらの団体は政治的に見ても大きな意義がある。こうしたグループや組織というものは、民衆が社会の行く末に対して影響を及ぼす際の基盤となり、また他のグループや政府が彼らの関心や活動、目的を不当に侵害する場合には、それに抵抗できる基盤となるからである。こうしたグループに関わっていない一個人であると、普通は社会に対して大きな影響を与えることができず、政府や、ましてや独裁政権に対してはまったくの無力である。

つまり、こうした団体の自律性と自由が独裁者によって奪われるようなことがあれば、民衆はより無力な状態になる。また、これらの機関そのものが中央政権によって独裁的に管理されたり、政府の管理下に置かれた機関と置き換えられたりすると、組織は個人メンバーと活動領域の両方を牛耳るために利用されるようになる。

反対に、独立した（政府の管理外にある）市民機関の自律性と自由が保たれ、あるいは回復されれば、政治的抵抗を実行する際に非常に重要な手段となる。独裁政権が崩壊したり、あるいは弱体化したような実例に共通するのは、民衆と市民機関が**大衆規模で**政治的抵抗に勇敢に臨んだことである。

上述した通り、こうした力の中心は人々の組織的な基盤になり、そこから独裁支配に対して圧力をかけたり抵抗したりすることが可能になる。また独裁体制崩壊後には、自由社会になくてはならない構造的な基盤の一部となっていく。したがって、こうした機関が独立したまま発展を続けるのは、自由化闘争が成功するための前提条件であることもしばしばだ。

もし、独裁政権が、社会の独立組織をうまい具合につぶしたり支配したりしている場合、抵抗勢力が独立した社会グループや組織を新たに作るか、生き残っている組織や部分的に支配されている組織に対して民主的な支配権を取り戻すことは重要になる。一九五六―五七年のハンガリー革命では、直接民主主義評議会が雨後の筍のように出現し、数週間の間につながり合って、機関や統治の連合システムすら生まれた。一九八〇年代後半のポーランドでは、労働者が違法に連帯を組織し、時には共産主義支配下での合法的な労働組合になることもあった。組織がこのように展開していくことは、政治的に非常に重要な結果を生み出すことでもあるのだ。

もちろん、こうした例があるからといって、独裁体制を打倒するのが簡単であるとか、どんな企ても成功するというのではない。また当然のことながら、闘争が犠牲者を生み出さずに済むということでもない。なぜなら、今なお独裁者に仕える者たちが反撃に出て、民衆を再び協力と服従に引き戻そうとするからだ。

ただし、力に対する以上の洞察は、独裁政権を意図的に崩壊させるのが可能であることを意味している。特に独裁政権というのは、巧みに展開される政治的抵抗にはかなり傷つきやすいという、独自の性質を備えている。そうした性質を、詳細に検討しよう。

＊7　この寓話の原題は「策略による統治」で、劉基（一三一一−七五）著『郁離子』に収められている。シドニー・タイによる英訳を許諾を得て引用。郁離子は劉基の筆名でもある。英訳の最初の出版は、*Nonviolent Sanctions: News from the Albert Einstein Institution*, Cambridge, Mass., Vol. IV, No. 3 (Winter 1992-1993), p. 3.

＊8　Karl W. Deutsch, "Cracks in the Monolith," Carl J. Friedrich, ed., *Totalitarianism*, Cambridge, Mass.: Harvard University Press, 1954, pp. 313-314.

＊9　John Austin, *Lectures on Jurisprudence or the Philosophy of Positive Law*, 5th edition, revised and edited by Robert Campbell, 2 vol., London: John Murray, 1911 [1861], Vol. I, p. 296.

＊10　Niccolo Machiavelli, "The Discourses on the First Ten Books of Livy," in *The Discourses of Niccolo Machiavelli*, London: Routledge and Kegan Paul, 1950, Vol. I, p. 254.

＊11　Gene Sharp, *The Politics of Nonviolent Action*, Boston: Parter Sargent, 1973, p. 75 をはじめ、随所に記された史実を参照のこと。

第4章
独裁政権にも弱みがある

独裁政権は、たいてい不死身に見えるものだ。情報機関、警察、軍部、刑務所、強制収容所、処刑部隊は、権力を振るう少数の人間によって支配されている。国家財政、天然資源、製造業は、独裁者の自由裁量によって横領され、独裁者の意思にそって利用されている。

これと対比すると、民主化抵抗勢力は非常に弱く無能で、無力にも見える。不死身に対する無力さというこの事実を認識すると、効果的な抵抗など不可能に思われるだろう。だが、物語はそこで終わりではないのだ。

アキレス腱はどこか

ギリシャ神話には、不死身と言われる人間の弱みがうまく描き出された話がある。アキレスという名の兵士の話だ。アキレスは、どんなに殴っても歯が立たず、どんな剣もその皮膚を貫くことができない。それはアキレスがまだ赤ん坊だった頃、母親が黄泉の国のステュクス川に彼を浸したからで、いかなる危険からも彼は護られることになっていたのだ。ただ、ひとつの問題を除いては。それは、川に浸された際、流されないよう踵を握られていたため、魔法の水がその小さな部分にだけは行き届かなかったのだ。成人したアキレスは、敵の武器を前にして、誰の目にも不死身に映った。しかし、トロイとの闘いの際、アキレスの弱点を知るある者の指図により、敵の兵士がアキレスの無防備な踵、つまり彼が傷つくたったひとつの部分に向けて矢を射ったのだ。それがアキレスを死にいたらせた。今日でも、「アキレス腱」という表現は、人間や戦略、機関などにおいて、そこを狙われると護ることができない箇所を意味するようになった。

同じ原則が、非人道的な独裁政権にもあてはまる。独裁政権の打倒もまた可能だが、それが迅速に、しかも最小の代償で実現できるのは、弱点が洗い出され、そこを集中的に攻撃した時なのだ。

独裁政権の弱み

独裁政権の弱点には、次のようなものがある。

1　体制を運営していくのに必要な民衆やグループ、機関による協力が、少なくなったり、なくなったりすることがある。

2　政権が過去の政策で定めた必要条件や効果が、それと相反する現政策を採択し実践する能力を多少なりとも制限してしまうことがある。

3　体制運営がルーティーン化し、新しい状況に迅速に適応できなくなることがある。

4　既存の任務に配置されている人員や資源が、新しい目的のためには簡単に利用できないことがある。

5　上司の機嫌を損ねるのを怖れる部下が、独裁者が決断を下すのに必要な情報を曲げて報告する、また完全に報告しないことがある。

6　イデオロギーが損なわれ、体制の神秘性や象徴性が不安定になることがある。

7　現実への視点をゆがめるほどの強いイデオロギーがある場合、それに執着しすぎて、実際の状況や必要性へ十分な注意が行き届かないことがある。

8　官僚組織の効率性や能力が低下したり、過剰な管理や規制があると、体制の政策や運営から効力を奪ってしまうことがある。

9　機関内部での争いや個人間の競争や敵対が、独裁政権の運営に害を与え、分裂させることがある。
10　知識人や学生が、現状や制約、教条、抑圧に対して不満を持つようになることがある。
11　一般民衆が、時が経つにつれ、政権に対して無関心になったり、懐疑的になったり、果ては敵意を持つようになることがある。
12　地域間、階級間、文化間、あるいは国家間の違いが深刻になることがある。
13　独裁政権内の権力ヒエラルキーは、常に幾分不安定だが、時にそれが顕著になることがある。個々人は同じ地位に留まらないばかりか、他の地位に上ったり下がったりし、時には完全に放逐されて、他の人員がそこに座ることがある。
14　れっきとした独裁者の意思に反することであっても、警察や軍の一部が自らの目的を達成するために、クーデターを含む行動に出ることがある。
15　確立直後の独裁政権の場合は、安定するまでに時間がかかる。
16　独裁体制においては、意思決定に関わるのが少数の人間に限られるため、判断や政策、行動において間違いが起こりやすい。
17　その危険性を防ごうと、政権が管理と意思決定を分散させれば、中央集権化された力のテコがさらに弱体化することがある。

独裁政権の弱みを攻撃する

こうした固有の弱点を知っていれば、民主化勢力は意図的に「アキレス腱」につけこみ、体制を徹底的に去勢したり、崩壊させたりすることに挑めるのだ。

結論は明らかだ。外見は強力に見えても、どんな独裁政権にも弱点や内部の無能、個人間の競争、機関的非効率性、組織間や部門間での争いがある。こうした弱みは、そのうち政権の影響力を削ぎ、状況の変化や意図的な抵抗に傷つきやすくする。政権が目標を掲げても、そのすべてが達成されるわけではなくなる。たとえば、ヒットラーの命令さえ、時に守られないことがあった。ヒエラルキーでは彼の下にいる部下たちが、実行するのを拒んだためである。独裁政権が、場合によってはあっという間に崩壊することがあるのは、すでに考察した通りである。

しかし、それだからと言って、独裁政権はリスクや犠牲なしに打倒できるものではない。自由化のために考えられるどんな闘争においても、危険と苦悩の可能性があり、実行までに時間がかかる。そしてもちろん、どんな方法を採ったとしても、いつも迅速に成功を収められるわけではない。それでも、闘争において独裁政権の明確な弱点を標的にすれば、明らかに政権が強い土俵で闘うよりは、成功の確率がずっと高くなるのだ。問題は、それを**どう**実践するかだ。

第5章
力を行使する

独裁政権に対する軍事的抵抗は、政権の最大の弱みを狙ったものではなく、最大の強みと対峙するものになってしまうことは、第1章で述べた。抵抗勢力が、軍隊、武器供給、武器技術などといった領域での闘いを選べば、自分たちを明らかに不利な立場に陥れることになる。これらの領域ではほぼ常に、独裁政権がより優れた資源を寄せ集めることができるはずだ。国外の力に頼ることの危険性も述べた。第2章では、独裁政権を追放する目的で交渉に頼ることの問題点も検証した。

そうすると、民主化勢力を紛れもなく有利な立場に置き、独裁政権の明らかな弱点につけ込む方法は何か。どんな行動の手法を用いれば、第3章で触れたような政治的な力を利用することができるのか。採るべき手段は、政治的抵抗である。

政治的抵抗には、次のような特質がある。

・独裁政権が選んだ闘争手段によって結末が定められるのを受け入れない。
・政権が対戦しにくい方法である。
・独裁政権の弱みを独自の方法で増大させ、力の源を断つことができる。
・行動する際、広く拡散させることもできるし、また特定の目的のために集結させることもできる。
・独裁者に間違った判断や行動を引き起こさせる。
・闘争に全民衆と社会グループや機関を効果的に動員し、少数の人間による非人道的な独裁状態に終止符を打つ。
・効果的な力を社会に広め、民主主義社会の設立と維持につなげる。

非暴力闘争のしくみ

体制側に異なった行動をとらせたり、紛争の平和的解決のための状況を準備したり、体制派の政権を崩壊させるなど、さまざまな目的のために用いられるという点では、政治的抵抗は軍事行動に似ている。しかし、政治的抵抗は暴力とはかなり違った方法で運営される。いずれも闘争を行うための手法ではあるが、その手段はかなり異なり、成り行きもまた違う。暴力的な闘争の手段や結果がどんなものかは、よく知られているところだ。物理的な武器は相手を威嚇し、傷つけ、殺し、破壊するために用いられる。

一方、非暴力闘争は暴力よりももっと複雑で多様な闘いである。暴力の代わりに、心理的、社会的、経済的、政治的な武器で闘い、民衆や社会機関が参加する。これは、抗議行動、ストライキ、非服従、ボイコット、離反、民衆パワーなど、さまざまな名前で知られているものだ。先に述べたように、どんな政府の支配もそれが続くのは、民衆や社会機関が協力し、屈服、服従することによって、力を維持するために必要な源が補充され続ける間だけである。政治的闘争は、暴力と異なって、そうした力の源を断つのに特に適しているのである。

非暴力の武器と規律

過去におけるその場しのぎの政治的闘争に共通する間違いは、ストライキや大衆デモなど、一、二の手段にしか訴えなかったことである。ところが実際には、数多くの手段があり、抵抗勢力の戦略担当者は必要に応じて集中攻撃をしたり、拡散攻撃を計画することができる。

これまでおよそ二〇〇の非暴力行動の具体的方法が確認されているが、おそらく他にももっとあるだろう。これらは、三つのカテゴリーに大きく分けられる――抗議行動と説得、非協力、干渉である。非暴力的な抗議運動と説得のための方法は、主に象徴的なデモで、パレード、行進、座り込みなどがある（54の方法）。非協力は、三つのサブ・カテゴリーに分けられる。【a】社会的非協力（16の方法）、【b】ボイコット（26の方法）やストライキ（23の方法）を含む経済的非協力、【c】政治的非協力（38の方法）である。非暴力的干渉には、心理的、物理的、社会的、経済的、そして政治的方法があり、たとえば迅速な非暴力的占拠や並行政府樹立などがある（41の方法）。本書の巻末に付録として「非暴力行動198の方法」を加えた。

この一覧から、賢い戦略と適切な戦術を練るために相当数の方法を注意深く選び、訓練を受けた民衆が執拗かつ大規模に実践すれば、どんな不条理な政権も大きな問題に直面することになろう。これは、どの独裁政権にも通じることだ。

軍事的手段とは対照的に、非暴力闘争は重要な問題に直接訴えることができる。たとえば、独裁政権が及ぼす問題は主に政治的であるため、非暴力闘争が政治的なかたちを採ることは核を突くものになる。その際には、独裁者の正当性に対する否認や、その政権に対する非協力などが含まれよう。特定の政策に対しては、非協力を行使することもできる。

ある時には、牛歩や延引を黙ったまま、あるいは秘密裏に行い、別の時にはおおっぴらな非服従や大衆による反対デモやストライキを行って、広く耳目にさらすこともあろう。

また、独裁政権が経済的に脆弱だったり、多くの民衆の不満が経済に関するものだったりするならば、ボイコットやストライキなどの経済的行動が抵抗の方法としては適切となろう。独裁者が経済システムを悪用しようとしても、一部の民衆ストライキや減産、なくてはならない専門家の非協力（あるいは不在）に直面するのだ。生産や運搬、原料供給、製品流通のキーポイントで、多様なタイプのストライキを選択的に実行するという手もあるだろう。

非暴力闘争の方法の中には、普段の生活とは無関係な行動を必要とするものもある。パンフレットを配ったり、地下の出版活動をしたり、ハンガー・ストライキを行ったり、道路で座り込みを行ったりといったものだ。かなり極限的な状況でない限り、こうした行動をとるのは困難だと感じる者もいるだろう。

その反対に、いつもとほぼ同じ生活を続けながら、それをやや違ったやり方で行うことで実践できる非暴力闘争の方法もある。たとえば、ストライキではなく出勤はするものの、意図的にいつもよりゆっくりと非効率的に働くのだ。「ミス」の頻度をわざと高くするとか、特定の時期に「病欠」する、あるいは「仕事ができない」状態になるとか。あるいは、単に仕事を拒否することもできよう。宗教のお勤めに参加することもあろうが、その場合は、単に宗教だけでなく、政治的な信念の表明を兼ねることもある。攻撃者のプロパガンダから子供を守るために、家庭や違法な教室で教育を施すというのもあろう。かつては自由意思で参加しなくてもよかった組織への加入が、「推奨」されたり義務づけられたりしても、それに従わないというやり方もあるだろう。こうしたタイプの行動は人々の日々の活動に似ており、また日常生活からもそれほどかけ離れていないため、多くの人が手軽に国家の自由化闘争に参加できる。

非暴力闘争と暴力は根本的に異なった働きをするため、政治的抵抗活動が行われている時に、たとえそれが部分的なものであっても抵抗勢力による暴力が起これば、逆効果となる。というのも、それが闘争を独裁者にとってははるかに有利なもの（軍事戦争）へと変えてしまうからである。非暴力という規律は成功への鍵であり、独裁者やそこに連なる者がどんなに挑発し、残忍な行為に出ても、保持されなければならないのだ。

暴力的な敵に対して非暴力という規律を貫き通すことは、非暴力闘争が促す四つの変化のメカニズムを起動させる（これについては後述する）。非暴力の規律はまた、政治的ジュウジュツ〔柔術〕のプロセスにとって極めて重要なのだ。このプロセスでは、政権側が非暴力的な行動家たちに対して過酷な残忍さで応えることで、独裁者の地位に対する政治的反動が起こり、それが体制内部の人間の反感を呼び起こし、一般民衆や政権の通常の擁護者、第三者の間に反体制派に対する支持を誘発するのだ。

ただし、独裁政権に対して、部分的に暴力を行使することが避けられない場合もある。政権への不満と嫌悪が爆発して、暴力化することもあるだろう。また、反体制派のグループの中には、非暴力闘争の重要な役割を認めながらも、暴力的手段を放棄することを望まない者もいるだろう。こうした場合でも、政治的闘争をあきらめることはない。ただし、暴力的行動を非暴力的行動からできるだけ遠ざけておくことが必要である。その場合は、地理的条件や民衆内のグループ、タイミング、対象とする課題などによってふたつを分けることが望ましい。そうしなければ、政治的抵抗をより強力に、成功裏のうちに利用する可能性を暴力が破壊しかねない。

歴史をひもとくと、政治的闘争においても死傷者の犠牲を覚悟しなければならないが、その数は軍事交戦よりはずっと少ないことがわかる。それ以上に、この種の闘争は、殺傷と残虐行為を永遠に繰り返すということがない。

非暴力闘争では、政府とその暴力的な抑圧に対する恐怖感を払拭する（あるいは、それをより制御できるようにする）ことが求められ、またそうなる傾向がある。恐怖感をなくす、または抑えられることは、独裁者が一般民衆に向かって振るう力を打倒するための鍵となる要素である。

オープンさ、内密主義、そして高いスタンダード

内密主義、まやかし、地下活動は、非暴力行動を用いた運動に非常な難題として立ちはだかる。意図や計画を秘密警察や諜報員に知られないようにするのは、多くの場合、不可能である。反政府運動の視点から見ると、恐怖のあまり秘密を守るのだが、同時にそれが恐怖心を付け加え、抵抗勢力の精神をくじき、何かの行動をとる際にそこへ参加しようという人々の数を減らしてしまう。恐怖心はまた、体制派のために働く密告者や工作員は誰かについて、運動の中に謂れのない疑惑や非難を起こすことがよくある。

さらに内密主義は、非暴力的に運動を続ける能力に揺さぶりをかけるだろう。これとは対照的に、意図と計画をオープンにすると、それと反対の効果を生むだけでなく、抵抗運動が実際にかなりパワフルなものであるというイメージを形作る。もちろん、問題はここに述べるよりももっと複雑であり、抵抗活動には内密主義を必要とする局面もある。したがって、非暴力闘争のダイナミズムと独裁者の監視手段の両方に詳しい人間が、特定の状況におけるきちんとした査定を行うことが必要となる。

地下出版物の編集や印刷、流通、国内での違法ラジオ放送、そして独裁政権の運営についての情報収集は、高いレベルの内密主義が必要とされる特別なタイプの活動の例である。闘いのあらゆる段階を通して、非暴力行動という振る舞いが高いスタンダードに保たれることは必須である。大胆不敵さや非暴力の規律を保持するといった要素は、常に求められる。肝に銘じておかなければならないことがある。特定の変化をもたらすために、大勢の参加が必要になることはよくあるが、この大人数が信頼のおける参加者とみなされるのは、運動において高いスタンダードを守り通した時だけであるということだ。

力関係を変える

抵抗勢力の戦略担当者が、心しておかなければならないことがある。それは、政治的抵抗が用いられる闘いは、行動と反撃が交互に起こり、常に変化し続ける戦場になるということだ。静止しているものは何ひとつない。抽象的、相対的なもの両方を含め、力関係は常に、また急速に変化する。これは、抵抗勢力が抑圧にもめげずに非暴力的な体制を固持し続けていることの証である。

このタイプの戦況において、双方の力がいかに激しく変化していくかは暴力的な紛争よりももっと極端で、急速に展開し、より多様で政治的にも重要な結果をもたらすようだ。この多様性によって、抵抗勢力がとる特定の行動が、それが当初起こった時と場所を超えて波及しやすい。この作用の結果として、一、二のグループの力が強化されたり、弱体化したりする。

これに加えて、非暴力勢力はその行動によって**対抗側グループ**の力の度合いを極度に強めたり、あるいは弱めたりすることもあるだろう。例を挙げれば、独裁者の残忍さに立ち上がった規律と勇気ある非暴力的な抵抗勢力が、独裁者自身の下にある兵士や民衆の間に不安や離反、不信感を誘発し、極端な状況では反乱さえ起こさせることもありうる。抵抗運動がここまで来れば、国際社会も独裁政権をますます非難するようになる。さらに、技能的で規律正しい不屈の政治的抵抗を用いれば、通常なら独裁者を無言で支持する人々、あるいは闘いに対してほぼ中立を守ってきた人々が抵抗運動に参加するという結果を生むこともあるだろう。

変化が起こる四つのメカニズム

非暴力抵抗は、四つの方法で変化をもたらす。最初のメカニズムはめったにありはしないが、現実になることがある。勇気ある非暴力抵抗勢力の人々が置かれている苦しみや抑圧に対して、体制派グループの人間が感情的に動かされたり、抵抗勢力の言い分が正当であると合理的に納得したりして、抵抗勢力の目的を受け入れるのだ。このメカニズムは転向と呼ばれる。非暴力活動における**転向**は起こることはあっても稀で、たいていの闘争では起こるはずもないし、少なくとも際立った規模では起こらない。

よくあるのは、非暴力抵抗運動が紛争の状況や社会を変えてしまい、単純に体制側の思い通りにならなくなることだ。この変化が、他の三つの変化のメカニズムである調整、非暴力的強要、分裂を起こす。そのどれが起こるかは、相対的、あるいは絶対的パワーが民主化勢力にとってどれだけ有利な方向に動いたかによる。

争点が根源的なものでない場合は、限られた反対運動が要求するものは脅威とはみなされず、衝突が力関係をある程度まで変化させ、和解や歩み寄り、妥協によって直接的な闘争が終わることもあろう。このメカニズムは**調整**と呼ばれる。たとえば、多くのストライキはこの方法で納まっており、双方共に目標をある程度まで達成するものの、要求したことすべてが手に入るのではないというものだ。政府側は、この手の調停が緊張を和らげたり、「正当である」という印象を生み出したり、政権のイメージを国際的に向上させたりする点で、前向きな利点があると捉えることもある。だからこそ、調整による和解の対象としてどの争点が受容できるかについて、注意深く選択することが重要になる。だが、独裁政権打倒のための闘いはそこには含まれないのだ。

非暴力闘争は、転向や調整といったメカニズムが示唆するよりもずっとパワフルなものである。大衆による非協力や抵抗は社会的、および政治的状況、ことに力関係に変化をもたらし、その結果、経済、社会、そして政治と社会に対する政治的プロセスへのコントロールを実際に独裁者から奪ってしまう。体制側の軍事力は不安定になり、抵抗勢力を抑圧せよという命令にはもはや単純に従わなくなる。体制側の指導者たちは、依然とその地位に留まって当初の目標にしがみつこうとするが、効果的に行動する能力は失っている。これは**非暴力的強要**と呼ばれる。

時に極端な状態においては、非暴力的強要が生まれる状況はもっと進んだものになる。体制側の指導者が行動を起こすための一切の力を失い、その権力構造が崩壊するのだ。抵抗勢力の自発性や非協力、抵抗が完全なものになり、体制側が見せかけだけの権力をふるおうとしても、できなくなるのだ。体制側の官僚も、自分たちの指導者に従おうとしなくなる。兵士や警察が暴動を起こすこともある。これまでの支持者や民衆はかつての指導者を拒絶し、そもそも彼らに支配権があることすら否定する。こうして、かつてあった支援や従順さはなくなる。この変化の四つめのメカニズムである**分裂**はきわめて完璧なもので、彼らには降伏する力すら残されていない。政権はただ粉々に崩壊するだけだ。

自由化の戦略を練る際には、この四つのメカニズムを頭に置いておくべきである。偶然に起こることもある。だが、闘争の変化のメカニズムとしてひとつ、あるいはそれ以上を意図的に選択しておくことによって、特定的、あるいは相互に強化可能な複数の戦略を立案するのを可能にする。どのメカニズムを選ぶかは、相手勢力の相対的、および絶対的力量、そして非暴力闘争グループの態度や目的によって定められる。

政治的抵抗の効果を民主化する

暴力的制裁が集中方式になるのとは対照的に、非暴力的闘争の手法を用いることはいろいろな意味で政治的社会の民主化に貢献する。

民主化の効果には消極的な側面がひとつある。それは、この手法は軍事的手段と違って、支配エリートの指令の下で、独裁政権を確立し保持するために民衆に向けて発動される抑圧手段のようには使えないことである。政治的抵抗運動の指導者たちは自分たちの影響力で、支持者にプレッシャーをかけることはできるものの、彼らが異議を唱えたり別の指導者のもとへ走ったりしても、投獄や処刑にはできないのだ。

確固とした効力もある。それは、非暴力闘争が既存の独裁者、あるいは独裁志願者に対して、民衆が自分たちの自由を達成し、護るための抵抗手段を与えることだ。非暴力闘争が持つ明確な民主化効果をいくつか以下に挙げる。

・非暴力闘争を行ったという経験が、独裁政権の暴力的抑圧の脅威やその力に挑戦することに対して、民衆に自信をもたらす結果となることがある。
・非暴力闘争は、相手がどんな独裁的グループであっても、民衆が非民主的な支配に対して反抗できる非協力と抵抗の手段を与える。
・非暴力闘争は、抑圧的支配に対して、言論の自由、出版の自由、独立組織、集会の自由といった民主的自由の実践を主張するのに用いることができる。
・前述したように、非暴力闘争は、独立した社会グループや組織の存続、再生、強化に大きく寄与する。これらは、民衆の力を動員し、独裁志願者が力を発揮するのを食い止めるという点で、民主主義にとって重要なものである。
・非暴力闘争は、独裁政権による警察や軍部の抑圧的行動に対して、民衆が力を行使する手段を与える。
・非暴力闘争は、民主主義のために支配エリートの力の源を制限したり遮断したりすることで、民衆や独立機関に独裁状態を継続する能力を脅かす手段を与える。

非暴力闘争の複雑さ

ここで議論してきたことからわかるように、非暴力闘争は多数の方法論と変化のための一連のメカニズムであり、そして特定の行動規範を伴った社会行動の複雑な手法である。ことに独裁政権に対して政治的抵抗が効果を上げるには、注意深い計画と準備が必要だ。ここに加わろうとする参加者は、自分に何が求められているのかを理解していなければならない。リソース（資源）が手に入るように段取りされている必要もある。そして、非暴力闘争がどうすれば最も効果的に適用されるのか、戦略を分析しなければならない。これ以降は視点を変え、後者の極めて重要な要素、つまり戦略計画の必要性について考えよう。

第6章
戦略計画の必要性

独裁体制に対する政治的抵抗を始めるには、いろいろなやり方がある。かつて、この手の闘争はだいたい無計画で偶発的に起こったものだ。どんな苦況が発端だったのかも大きく異なっていたが、たいてい新たな残虐行為が起こったり、尊敬を集める人間が逮捕されたり殺されたり、新しい抑圧的な政策や命令が発動されたり、食料不足があったり、宗教的信条が踏みにじられたり、過去の重要なできごとの記念日だったりした。あるいは、独裁政権の何らかの行いが民衆を怒らせたのがきっかけとなり、どこに行き着くのかわからないままに始められた反乱もあった。また、勇気ある個人や小さなグループが行動に訴え、それが支援を誘発するということもあった。他人の苦悩を目にして、それが自分たちの身に降りかかっている悪行と類似していると感じ取り、また闘争に加わるといったこともある。さらに、小さなグループや個人が呼びかけた抵抗が、予想外に大きな反響を呼んだこともあった。

こうした自然発生的な始まりにはいい面があるものの、欠点もある。よく見られるのは、民主化運動の抵抗者たちが独裁政権の残虐さを予想しておらず、結果的に非常に苦しい状態に追い込まれ、抵抗運動が挫折してしまうことだ。時には、民主化運動をする側の無計画さゆえに、極めて重大な決定が運に任され、破滅的な結果を呼ぶこともある。また、たとえ抑圧的な体制が倒されたとしても、民主的体制への移行をどう運ぶかについての計画が不在であるために、新たな独裁政権の誕生を許してしまうこともある。

現実的な計画を立てる

今後も独裁体制への闘争において、民衆が無計画に起こした行動が大きな役割を占めることは間違いない。しかし現在では、独裁体制を倒す非常に効果的な方法を計算することも、政治的状況や民衆のムードが熟しているかどうかを判断することも、組織的運動をどう始めるかを戦略的に選ぶことも可能になっている。状況や民衆のパワーを、**現実的な評価に基づいて**注意深く考察するのは、その環境の中で自由を勝ち取る効果的な道を選び出すのには欠かせないことである。

何かを達成したければ、その方策を計画するのが賢明というものだ。目標が重要なものであればあるほど、あるいは失敗の結果が悲惨であればあるほど、計画は重要になる。戦略的に計画を立てることによって、手もとにそろえることができるリソースを余すことなく動員し、効果的に使える見込みが高まる。これは、強力な独裁政権を倒そうとする民主化運動——こちら側では物資が限られ、支援者が危険にさらされる——には特に当てはまることだ。独裁政権側は対照的に、たいてい多量の物資へアクセスでき、強力な組織を背景にして残虐行為を働くことができるからである。

ここで「計画を立てる」とは、現時点から将来あるべきところにいたる行動の流れを計算することを意味している。本書の論旨では、独裁体制から将来の民主主義体制への変遷のことだ。その目標達成のためには、段階的な闘いや他の組織的行動を通じて、抑圧された民衆と社会を強化し、独裁政権を弱体化していくことが必要になる。ここで大切なのは、目標は単に現在の独裁政権を倒すことではなく、民主的体制をしっかりと据え付けることである。壮大な戦略を練っても、その目標が目前の独裁政権の打倒だけに限られていると、いずれ新たな独裁者を生み出す大きな危険が出てくるのだ。

計画を阻むもの

自由化を実現するという課題を背負いながら、その主唱者がその可能性を完全に活かしきれていない例は世界のいたるところに見られる。行動を起こす前に戦略的な計画を立てることがどれだけ大切かを完全に認識している運動家たちは、実に稀だ。つまり、周到な計画が練られることはほとんどないのだ。

民衆のために政治的自由を勝ち取ろうという理想は掲げるのに、目的達成のための包括的な計画を準備しないとは、なぜか？　不運なことに、反体制の民主化運動グループに属する人々は、戦略的計画の必要性を理解していなかったり、戦略的に考えることに慣れていない、あるいはそう訓練されていないことがよくある。民主化運動は困難な仕事である。抵抗運動のリーダーは独裁政権に常に苦しめられ、目の前の任務に押し潰されそうになっているので、戦略的思考の技能を磨く精神的・時間的余裕を持ち合わせていないのだ。

だからこそ彼らは、独裁政権の先制攻撃に単に反応するというパターンに陥ってしまう。そうなると、反体制派はいつも防御に回り、限定的な解放や狭い自由だけに固執し、せいぜいできることといえば独裁政権の支配が広がるのを緩慢にしたり、新たな政策に対してちょっとした障害を生み出したりする程度のこととなる。

個人やグループによっては、自由化運動に際してしっかりした長期的計画の必要性など感じない向きもあるだろう。彼らはナイーブにも、目標を強くしっかりと定めてがまん強く願いさえすれば、自由は何とか達成できるものと考えるのだ。そして、困難な状態にあっても自分たちの原則と理想にそって生き、その姿勢を遂行しさえすれば、その原則を実現するのに必要なことはすべて実行していると決めてかかる。人間的な目標に対するその信条と忠実さは賞賛に値するが、独裁政権を終結させ自由を実現するには、はなはだしく不適切としか言いようがない。

また、反独裁体制派の中には、十分な暴力を行使すれば自由がやってくるものとナイーブに考える者もいる。だが、先述した通り、暴力は成功を約束するものではない。自由化を勝ち取る代わりに、暴力によって敗北したり悲劇が起こったり、あるいはその両方が引き起こされることもある。たいていの場合、独裁政権側は暴力闘争については最強の手段を備えており、その軍事力が民主化勢力の味方になることはほとんどないのだ。

さらに、自分が「感じる」ことに従って行動を起こす活動家もいる。彼らのアプローチは自己中心的であるばかりでなく、自由化のために大きな戦略を立てることに関して何ら手本となるものではない。

誰かが思いついた「いいアイデア」に基づいた行動にも限界がある。必要なのはそんなことではなく、独裁政権を打倒するために注意深く計算された「次のステップ」から導き出された行動である。戦略的分析なくして、抵抗勢力側のリーダーは「次のステップ」が何かを知る由もないだろう。なぜなら、勝利を達成するためには、ひとつひとつのステップを重ねていかねばならないとしっかりと考えたこともないからだ。創造性やいいアイデアは大変重要だが、民主化勢力の戦略的状況を前進させるためには、それらが有効に活用されなければいけないのである。

独裁政権に対して多様な行動が採り得ると強く認識していても、どこから手をつけていいのかがわからない場合、「すべてを同時に敢行せよ」と勧める人々もいる。それがいい場合もあるが、運動がまだ弱い状態ではそれが不可能なことは目に見えている。それに、このアプローチはどこから始めるのか、どこに力を集中させるのか、限られたリソースをどう使うのかについて、これもまた何ら指針を与えるものではない。

計画が必要性を認めていても、視点が短期的だったり、戦術にしか考えが及ばなかったりする個人やグループもいる。長期的な計画の必要性も可能性も考えないのだ。彼らは、比較的些末なできごとに繰り返し振り回され、民主化抵抗のイニシャティブを握ろうとしても、体制派の行動に翻弄されるばかりで、戦略的な方法で思考したり分析したりすることができない。こうしたリーダーたちは、短期的行動に多大なエネルギーを費やすあまり、少しずつだが確実に目標に近づけるよう、持っている力を振り向けるための行動の選択肢を探るといったことができないのだ。

民主化勢力が、目前の問題に集中するあまり、独裁政権打倒のための包括的戦略を見失ってしまうのには、他の理由もある。それは、自分たち自身の奮闘によって独裁政権に終止符が打てるのだということを、心の底で信じていないことだ。したがって、どのようにそれを成し遂げるかという計画を立てるのは、空想にふける時間の無駄であり、むなしい行いと感じるのだ。残忍で盤石な独裁政権からの解放を望む人々は、あまりに強大な軍隊と警察権力を目の前にして、独裁者は何でもできると見てしまう。真の希望を持たないのにもかかわらず、彼らは高潔さや歴史のために独裁政権に反抗を挑むのだ。自分ではそれを認めないだろうし、またそう意識もしていないだろうが、自分たちの行動に勝ち目はないと見なしている。従って、長期的で包括的な戦略計画を立てることにメリットが見出せないのだ。

戦略的計画を持たないことの結果は、時に強烈なものとなる。力は消散し、行動は効果を発揮せず、エネルギーは些末なことに浪費され、利点は活かされず、犠牲は無益なものとなる。戦略的に計画を練らない民主化勢力は、目標を達成せずに終わるだろう。ずさんに図られた行動が奇妙に混在しているだけでは、大きな抵抗運動を前進させることはかなわない。その代わりに、独裁政権が支配と力を増すのを許すことになるのだ。

自由化勢力側が包括的な戦略計画をほとんど持ち合わせないことが、独裁政権の耐久性を現実よりもずっと長いものに見せるというのは不幸きわまりない。そして実際に、必要以上に何年も何十年も長く生き延びるのだ。

戦略計画において重要な四つの用語

戦略的思考を可能にするために、明快に理解しておくべき四つの基本用語がある。

全体計画とは、適切かつ入手可能なリソース（経済的、人的、倫理的、政治的、組織的など）の調整と利用に関する概念で、闘争において目的を達成しようとするグループによって立案されるものである。

闘争に際して、そのグループが持つ目的とリソースに最大の配慮を払うことによって、この全体計画はどんな行動手法（たとえば、従来型の軍事戦争か非暴力闘争か）を用いるのが最適かを定める。全体計画を立てるにあたって、抵抗勢力のリーダーは、どういった圧力と影響が敵を傷めるのかを検討し、計画しなければならない。さらに、全体計画には最初の抵抗行動や、それに続く行動が行われるのに適した状況やタイミングをどう定めるかも含まれている。

全体計画は、闘争に挑む際に限定的な戦略をどう連ねていくかについての基本的枠組みも規定する。同様に、グループごとに一般的な役割を配分したり、彼らに闘争に必要なリソースを配分したりするのも全体計画である。

戦略というのは、闘争の中で特定の目的を達成するのに何が最適かを捉えた概念で、全体計画の中から選ばれた一定の範囲内で行われるものである。闘うべきか、あるいは闘いをいつ、どのように行うか、また特定の終局へ向かって最大の効果を生むにはどうするかといったことに関わるのが戦略である。全体計画が建築家の青写真だとすれば、戦略はアーティストのコンセプトである。[*12]

こちらが明らかに優勢に立ち、そのまま闘争になれば確実に敗退すると相手が予想し、それゆえに公然と闘わずに降伏するといったような状況を戦略的に生み出すことも、戦略に含まれる。そうでなくとも、戦略的に状況を改善することによって、闘争での挑戦者の成功を確実なものにすることもある。成功が現実のものとなった時、それをうまく利用することも戦略のひとつである。

戦略計画は、闘争そのものを通して適用されることで、抵抗運動がどう発展し、個々の要素がどう組み合わされれば目的を達成するのに最も有利に働くのかについての基本的な構想となる。小さな作戦を行うそれぞれの行動グループを、巧みに配置するのも戦略である。賢明な戦略を立案するには、選ばれた闘争手法が成功するための必要条件を考慮しなければならない。それぞれの手法には、それぞれの成功条件がある。もちろん、〝条件〟を満たすだけで成功が約束されるわけではない。他の要素も必要だ。

戦略を考える時、民主化勢力側は自分たちの目標を明快に定義し、それを達成するために闘いの効果をどう計測するかを決めておくことも必要だ。こうした定義や分析によって、戦略立案者は選択された個々の目標を達成するのに必要な厳密な条件を見定めることができる。同様の明快さと定義は、戦術計画にも求められるものである。

戦略を実行するのに用いられるのが、戦術と行動のための方法論である。**戦術**は、限られた状況下で自らの力を巧みに最大限利用することに関わる。ひとつの戦術と言った場合、それは、ある限定された目的を達成するために用いられる特定の行動を指す。どの戦術を選択するかは、衝突のある段階において使える闘争手段をどう最大限に駆使すれば戦略にそったものになるかに左右される。最大の効果を得るためには、戦略的目標の達成と常に照らし合わせた上で、戦術と方法が選択され、適用されることが必要だ。戦術的に進捗を遂げても、戦略的目標の到達に寄与しないのならば、それはいずれ徒労に終わることもあるだろう。

したがって、ちょうど戦略が全体計画にそっているのと同じように、戦術とは広い戦略にそったある一定の行動過程を指すものである。戦術は常に闘争に関わり、一方戦略はもっと広い配慮に基づくものである。ある特定の戦術は、闘いや運動全体の戦略の一部としてのみ理解される。戦術は戦略より短期的で、あるいは狭い範囲（地理的、組織的など）に、または限られた人員によって、より限定的な目的のために実行される。非暴力行動において、戦術的目標と戦略的目標の違いは、その行動が選ばれたそもそもの目標が小さなものか大きなものかによって、ある程度はかられる。

攻撃的戦術は、戦略的目標の達成をサポートするために行使される。戦略立案者にとって、これは敵に対して決定的な攻撃を仕掛けるための好条件を生み出す道具である。したがって、戦術作戦の立案や実行の責任を担う者は、状況を査定し、そこで最適な方法を選び出すことに長けていることが、最も重視すべき点だ。参加する者は、選ばれた技法や特定の方法の実践に関して熟練している必要がある。

方法は、特定の武器や行動手段を指す。非暴力闘争における手法の中では、第5章で述べたように、何十通りもの行動形式が含まれる（多様なストライキ、ボイコット、政治的非協力など）。（巻末付録も参照のこと）

全体計画、戦略、戦術、そして方法が注意深く構成され、選択されてこそ、非暴力闘争のための戦略計画の立案が信頼に足り、効果的なものとなる。

　ここでの議論の主要なポイントは、独裁政権からの自由化をめざす慎重な戦略計画には、知性を綿密に利用するのが必要だということである。知的能力を効果的に使えば、入手可能なリソースを賢く利用して、自由と民主主義のゴールに向けて社会を動かすための戦略的な道を定めることができる。だが、知的な計画を怠れば、惨事にいたる可能性もあるのだということを忘れてはならない。

＊12　ロバート・ヘルヴィーの私信、一九九三年八月一五日付。

第7章
戦略を立案する

　成功の確率を高めようとするならば、抵抗勢力側のリーダーは、苦しむ人々に力を与え、独裁政権を弱体化させて打倒し、永続性のある民主主義を打ち立てるための包括的な行動計画を編み出す必要がある。そして行動計画を実現するためには、状況と効果的な行動の選択肢とを慎重に評価しなければならない。自由を達成するための全体計画や特定の運動戦略が生み出されるのは、そうした注意深い分析をへてのみである。また、全体計画と運動戦略の立案のふたつは相互に関連してはいるが、別々のものである。全体計画が立てられてこそ、特定の運動戦略が十分に立案できる。運動戦略は、全体計画の目標を達成し、強化するように考案されなければならない。

　抵抗運動の戦略を立てる際には、多くの疑問点や役務に注意を払うことが必要になる。ここでは、全体計画と運動戦略の両レベルにおいて重要な要素を拾い出そう。しかしながら、すべての戦略計画は、立案者たちが物理、歴史、統治、軍事、文化、社会、政治、心理、経済、そして国際面を含む紛争の全体状況について豊富な理解を持つことを求める。戦略は、その特定の闘争とその背景が持つ文脈においてのみ、立案が可能になるからだ。

最も大切なのは、民主化運動のリーダーと戦略計画立案者が、目的とその理由の重要性を査定することである。その目的は大規模な闘争に値するのか、またそうだとしたらなぜか？ そうして闘争の真の目的をはっきりとさせるのは、決定的に重要なことである。独裁政権を倒し、現在の独裁者を追放するだけでは十分**でない**ことは、本書で述べてきた。民主主義制度に基づいた政府を持つ自由社会を築くことこそ、闘争の目的でなければならない。この点を明快に把握しているかどうかは、全体計画とそれに続く特定の戦略の立案に影響を与えるのだ。

戦略立案者たちは、特に以下のような根本的な疑問に対する回答を用意している必要があろう。

・自由を達成するために障害となるのは主に何か？
・どういった要素が、自由達成を促進するか？
・独裁体制の持つ主要な強みは何か？
・独裁体制の抱える弱みにはどんな種類のものがあるか？

・どの程度まで独裁体制の権力の源を攻撃することが可能か？
・民主化勢力と一般民衆が持つ強みは何か？
・民主化勢力の弱みは何か、またそれはどのように補強することができるか？
・闘争に直接関わらないが、独裁体制側、あるいは民主化勢力側を援助する、または援助するかもしれない第三者はどんな状況か？　もし援助するとすれば、どんな方法か？

手段の選択

全体計画レベルにおいて立案者は、将来の対立の際にどういった闘争手段を用いるかを選ばなければならない。その際には、従来型の軍事戦闘、ゲリラ戦、政治的抵抗など、数種類の闘争手法の利点と欠点を比較することが求められる。

選択する際に留意すべきは次のような点だ——それは民主化勢力の能力内で使えるものか？　大半の民衆の強みを活かした手法か？　その手法は、独裁体制の弱みを攻撃するものか、それとも最強の部分を狙うものか？　その手段を用いれば、民主化勢力はより自己依存できるようになるか、あるいは第三者や外部の供給者に頼らねばならなくなるか？　その手段を独裁体制打倒で用いた際のこれまでの成果はどうか？　来るべき闘争で起こる犠牲や破壊を増すか、それとも抑えられるか？　独裁政権の打倒が成功するとして、闘争の結果生まれる政府のタイプにどんな影響を及ぼすか？　検討の結果、逆効果を生むことがわかった行動は、全体計画の中から排除される必要がある。

ここまでの章で、政治的抵抗が他の闘争手法に比べて顕著な利点を提供すると述べてきた。計画立案者たちは、自分たちの闘争状況を鑑みた上で、政治的抵抗が上記の問いに肯定的な答を与えるかどうかを検討しなければならない。

民主主義を計画する

独裁体制に対峙する際の目的は、単に独裁者を追放することではなく、民主主義体制を打ち立てて、新たな独裁政権の樹立を不可能にすることであるのを忘れてはならない。この目的を達成するためには、選ばれた闘争手段が、社会における権力の配分に変化をもたらすようなものである必要がある。独裁体制下では、民衆と市民的組織が非常に弱く、政府が強すぎる状態になっている。この不均衡に変化を与えない限り、新しい統治者はお望み次第で、かつての統治者と同じくらい独裁制をふりかざすことができる。つまり、「宮殿内の改革」やクーデターは歓迎されるものではないということだ。

政治的抵抗は、独裁体制に対して社会を動員し、効力のあるパワーをより公平に分配することができることは、第5章で述べた通りである。それにはいく種類かのプロセスがある。非暴力闘争のかたちで抵抗が拡大すると、もはや独裁政権が得意とする暴力的抑圧を行使しても、民衆は簡単には威嚇されたり屈服しなくなる。民衆は独自のパワフルな手段を手に、独裁者の力に立ち向かい、時にはその行使を食い止める。さらに政治的抵抗において民衆の力を動員することは、社会の独立機関を強化する。かつて効果的な力を行使したという経験は、すぐに忘却されるものではない。闘争で得た知識と技能は、将来においても独裁者の台頭を簡単に許さない。力関係にこうした変化が起これば、究極的に耐性のある民主主義社会の構築をより可能にするのだ。

国外からの援助

全体計画立案のひとつとして、独裁体制を崩壊させる際の内部の抵抗と外部からの圧力との相関的な役割がどんなものかを査定しておく必要がある。われわれは、これまでの分析で、闘争の主要な力は国の内部から生まれてこなければならないと議論してきた。国際的な援助があるとすれば、それは、国内の闘争によって誘発されたものとなる。

国外からの援助は、側面支援として人道的、倫理的、宗教的な観点から独裁政権を批判する国際的世論を形成する。また、独裁政権に対する政府や国際機関による外交的、政治的、経済的制裁措置を発動させるよう働くこともある。これは、独裁国に対する経済活動の禁止、ないしは武器の輸出禁止、外交的地位の格下げや外交関係の断絶、経済援助の中止、投資禁止、独裁政権の国際機関や国連からの除名といったかたちをとるだろう。さらに、財政面、コミュニケーション面での国際的援助が民主化勢力へ直接提供されることもある。

全体計画を練る

状況を査定し、手段を選択し、外部援助の役割を見据えた後は、闘争を最良のかたちで行うにはどうしたらよいかを大まかに描き出すことが必要になる。この大まかな計画は、現時点から将来の自由化、そして民主主義体制の樹立までを含むものである。全体計画の考案に際して、立案者たちはさまざまな問いを自らに課すことが必要だ。次のような問いは、政治的抵抗闘争の全体計画を練る際の留意点を洗い出す（上述のものよりも、さらに明確に）。

長期的闘争は、どう始めるのが最良か？　最初は限られた方法であったとしても、抑圧された民衆が十分な自信と力を持って独裁政権に挑戦できるようになるにはどうすればよいか？　時間と経験を経るにしたがって、民衆が非協力と抵抗の能力を強めるにはどうすればよいか？　社会の民主化勢力を増強し、独裁政権を制限するための一連の行動におけるそれぞれの目的は何か？

独裁体制を生き抜き、自由を確立する闘争に利用できる独立機関はあるか？　独裁者の管理から取り返せる社会機関はどれか、また独裁体制が存続する間、民主化勢力の必要性を満たし、民主主義の環境を生み出すために新たに作るべき機関は何か？

抵抗運動の組織的体力を増すにはどうすればいいか？　参加者にはどんな訓練を施せばいいか？　闘争を通して、どんなリソース（財政、設備など）が必要となるか？　民衆を動員するには、どんなシンボルが最も効果的か？

どういった行動によって、そしてどんな段階を踏めば、独裁者の権力源を少しずつ弱体化させ、断つことができるのか？　反体制派の民衆がそろって抵抗に臨み、非暴力の試練を乗り越えるにはどうしたらよいか？　闘争中も民衆の生活の基本を満たすにはどうしたらよいか？　どうすれば闘争のただ中でも社会秩序を維持できるか？　成功が近づいた時、民主化勢力が独裁体制後の社会のための機関的なベースを確立し、移行をできるだけスムーズに行うにはどうしたらよいか？

独裁体制に挑戦する自由化闘争の戦略を立案する際に、これひとつあればいいという青写真はないし、またそれを作ることもできないということはよく覚えておく必要がある。独裁体制を倒し、民主化制度を打ち立てる闘争は、それぞれに異なったものなのだ。同一の状況はひとつとしてなく、それぞれの独裁体制には特有の特徴があり、さらに自由を求める民衆の能力も異なっている。政治抵抗闘争の全体計画を練る立案者には、自身特有の闘争環境だけでなく、選択された闘争手段に関する深い理解が必要となるのだ。[*13]

闘争のための全体計画が注意深く練られたら、それを広く知ってもらうことの正当な理由もある。闘争に必要な大勢の民衆は、特定の指示と同時に全体の概念を理解することができれば、より強く行動する意思を持つようになり、また実際に行動することができるようになるからだ。計画の全体を知っていることは、参加したい、ちゃんとした行動をとりたいという彼らの士気や意思を高めるのに非常に効果的になり得る。全体計画の概要、そしていずれその内容が独裁者の知るところとなっても、それが自らの政治的立場に不利に働きかねないと察知して、抑圧の残虐さの度合いを緩めてくるのにつながることもある。全体計画の中の特定のものが知られることによって、独裁者自身の陣営に不和や背信を引き起こす場合もある。

独裁政権打倒と民主化体制樹立のための全体計画がいったん採択されたなら、民主化勢力はそれを執拗に適用しなければならない。当初の全体計画からそれるのは、本当に稀な場合に限られる。全体計画が誤解されたり、闘争環境が大きく変わったりしたという十分な証拠がある時には、立案者は計画を変更する必要があろう。その場合も、基本的な再査定を行い、より適切な全体計画を考案し、採択された後でなければならない。

運動戦略を立てる

全体計画が、独裁体制に終止符を打ち民主主義を実施するためにどんなに賢明で、期待できるものであっても、全体計画自体が運動を実践するわけではない。独裁者の権力を傷つけることに照準を合わせた大規模な運動を推し進めるためには、特定の戦略が必要となる。これらの戦略が、今度は独裁政権に決定的な打撃を与えることに照準を合わせた一群の戦術利用をまとめ上げ、それを推し進める。戦術と特定の行動方法は、それぞれの戦略の中での目標達成に寄与するために、注意深く選択されなければならない。ここでは、戦略レベルに限定して議論しよう。

全体計画立案者と同様、大規模運動の戦略計画者も、自分たちが選んだ闘争の性質と運営方法を綿密に理解していることが必要だ。ちょうど軍士官が軍事戦略を立てるために、戦力構造や戦術、物流管理、軍用品、地理的影響などを理解しなければならないように、政治的抵抗の計画立案者も非暴力闘争の性質と戦略的原則を理解しておく必要がある。しかし、非暴力闘争を理解し、本書で勧める事柄へ注意を払い、ここに挙げた疑問点に答えたとしても、それだけで戦略が生まれるのではない。闘争のための戦略を形作るには、教養に裏付けられた創造性が求められるのだ。

特定の抵抗運動と長期的な自由化闘争の発展のための戦略を立てるには、さまざまな懸念や問題点を検討する必要がある。その一部を以下に挙げよう。

・運動の特定の目的は何か、またそれが全体計画を満たすためにどう寄与するかを見定める。

・選ばれた特定の戦略の履行のために利用できる特定の方法、あるいは政治的武器は何かを検討する。個々の特定の戦略運動計画の中で、独裁体制の力の源に圧力をかけ、それを制限するのに利用できる小規模の戦術的計画、方法は何かを検討する必要がある。大規模な目的は、注意深く選ばれ、履行された特定の小さな段階の結果として達成されることを憶えておかなければならない。

・主としては政治的闘争であっても、その全体に経済的な問題が関わるかどうか、あるいはどう関わるのかを検討する。もし、経済的懸念が闘争の大きな課題とされれば、独裁体制が終焉した後に経済的な苦しみが実際に和らげられるよう配慮することが必要だ。そうしなければ、民主主義社会への移行期に迅速な問題解決がなされなかった場合に、幻滅や離反が起こるだろう。そうした幻滅は、経済的苦痛を終わらせると約束する新たな独裁的勢力が起こるのを促進しかねない。

・抵抗闘争を開始するのに最適なリーダーシップ構造とコミュニケーション・システムは何かを、前もって決定する。闘争を通して、抵抗勢力や一般民衆に継続的な指示を与えるために、どういった手段による意思決定とコミュニケーションが可能なのか？

・一般民衆、独裁側の勢力、そして国際報道機関に対して、抵抗運動のニュースをどう伝えるか。主張や報道は常に事実に基づいていなければならない。過剰、かつ根拠のない主張は、抵抗者側の信頼を下げることにつながる。

・自助的で建設的な社会、教育、経済、政治活動が、来たるべき闘争中においても人々の必要性を満たせるようにするにはどうすればいいか。これに関するプロジェクトは、抵抗活動に直接関与していない人々が遂行することも可能だ。

・特定の運動、あるいは全体の自由化闘争において、外部からの援助はどんなものが望ましいかを決める。国内の闘争を不確実な外部要素に依存することがないようにしながら、国外の援助を動員し、利用する最良の方法は何か？　非政府組織（社会運動、宗教、あるいは政治グループ、労働組織など）、政府、あるいは国連、およびその傘下機関などのうち、どの外部グループが最も援助しそうか、あるいは援助にふさわしいかを検討する。

これらに加え、計画立案者は大衆が独裁支配に対して抵抗を続ける間、自分たちの勢力内での秩序が守られ、社会的な必要性が満たされるように手段を講じなければならない。そうすることによって、独立した民主主義的構造が打ち立てられ、純粋な必要性がかなえられるだけでなく、不秩序と無法ぶりを止めるためには残虐な抑圧が必要だという言い分の信頼度を下げることもできる。

非協力の考え方を広める

独裁体制に対する政治的抵抗を成功させるためには、民衆が非協力という考え方を把握していることが極めて重要である。「猿の主人」（第3章参照）の物語で描かれたように、基本の考え方は簡単なものだ――抑圧下にあっても、十分な数の従属者が十分な期間にわたって協力し続けることを拒めば、弾圧システムは弱体化し、いずれは崩壊する。

独裁体制下に生きる人々は、この考え方をいろいろなところから聞き及んでいるだろう。そうであっても、民主化勢力は非協力という考え方を故意に広めて皆に知ってもらうべきである。「猿の主人」に限らずこのような物語なら、社会に広く広めることができる。こうした物語はわかりやすい。非協力の概念についてそのあらましが把握できれば、独裁政権への非協力を実践しようという呼びかけが実際に起こった時、人々はその妥当性を理解することができる。また、状況の変化に応じて展開される無数の非協力のかたちに、自分なりの即興で合わせられるようになる。

独裁体制下で意見やニュース、抵抗運動の指示を伝達するのは困難であるし、危険を伴うが、民主化勢力がそれを実現できると証明したケースはいくつもある。ナチや共産党の支配下であってすら、抵抗勢力は個人間のみならず、新聞、書籍、そして後には音声やビデオ・カセットなどを違法に発行して、大勢の民衆にコミュニケートしたのだ。

前もって戦略的計画を立てておけば、抵抗運動に関する一般的なガイドラインを準備し、普及させることができる。その中では、民衆が抵抗運動に出たり独裁体制への協力を差し控えたりすべき問題や状況がどんなものか、それをどう行うべきかが説明できる。さらに、民主化勢力のリーダー集団からの伝達が難しくなったり、特定の指示が公布されなかったり受信されなかったりしても、民衆は重要な問題についてどう行動すべきかを理解できるようになる。こうしたガイドラインはまた、秘密警察が抵抗勢力の行動を無に帰そうと企んで発行する「偽の抵抗指示」をあぶり出すためのテスト・ケースにもなる。

抑圧と対策

戦略計画の立案者は、民主化勢力の抵抗運動に対して起こる独裁体制側の反応や抑圧、特に暴力の閾値がどんなものかを査定しておく必要もある。運動が進むに従い抑圧は強くなるが、どのようにそれに屈服することなく耐え、反撃し、あるいは避けるかを決めておかなければならない。民衆や抵抗勢力に対して抑圧が起こるという至極もっともな警告が発せられ、参加することは危険だとほのめかされるような状況もあろう。抑圧が深刻なものになりそうな場合は、負傷した抵抗勢力のための医療補助の準備も必要となる。

抑圧されることが予期できれば、運動や自由化の中の特定の目的達成に役立つ戦術や方法をあらかじめ練っておくことができるだろうが、だからと言って、残虐な抑圧の可能性が減ったり、起こりにくくなったりするわけではない。たとえば、独裁体制に反対する路上デモやパレードはドラマチックなものだろうが、同時に何千人もの死者をデモ側から出すことにもなりかねない。しかも現実的に見て、デモによる大きな犠牲が、皆が家に留まってストライキを起こしたり、大勢の公務員の非協力という手段に出たりする以上の圧力を独裁政権にかけるとは限らないだろう。

大きな犠牲を出すようなリスクを持つ挑発的な抵抗行動が、戦略的な目的上、必要であるとされる場合は、それによって想定される損失と利得とを細心の注意を払いながら比較すべきだ。民衆や抵抗勢力は、闘争を通して鍛錬された非暴力的な方法で振る舞えるか？　暴力の挑発にのらないでいられるか？　残虐さに出会っても、非暴力的な規律を守りながら抵抗を維持するためにどういった方策をとるべきかを、計画立案者は考えなくてはならない。誓約、公約、規律書、デモの統率、暴力的な人物やグループに反対するボイコットなどの手段は可能か？　そしてそれは効果的なものか？　また、リーダーたちは常に、デモに集まった人々に暴力を起こさせようとするおとり捜査官の存在にも注意を払っていなければならない。

戦略計画を固持する

いったん不備のない戦略計画が作られたら、民主化勢力は独裁者の小さな動きに惑わされて全体計画や特定の行動の戦略から離脱したり、取るに足らないことに多くを傾けたりしないよう心がけるべきだ。また、独裁政権による新たな残虐行為に反応するなど、一時の感情ゆえに、民主化の抵抗運動を全体計画や行動戦略から逸脱させてはならない。残虐行為は、とりもなおさずよく練られた計画を放棄させるよう、また暴力的行為にすら乗り出すよう民主化勢力を挑発して、独裁者が簡単に彼らを打ち負かせるように仕向けるものなのだ。

基本的な分析が適切だと判断されていれば、民主化勢力がすべきは段階を追って前進していくことだ。もちろん、戦術や中間的な目標の変化はあるだろうし、優れたリーダーとは常にその場のチャンスを逃さないものだ。だが、こうした調整を全体計画の目標や特定の闘争の目的と取り違えてはならない。選ばれた全体計画や特定の闘争運動の戦略を注意深く実践することは、成功に大きく貢献するのである。

＊13　本格的な研究については以下が推奨される。Gene Sharp. *The Politics of Nonviolent Action, op. cit.*,

Peter Ackerman and Christopher Kruegler, *Strategic Nonviolent Conflict*, Westport, Connecticut: Praeger, 1994. また以下も参照のこと。Gene Sharp, *Waging Nonviolent Struggle: 20th Century Practice and 21st Century Potential*, Boston: Porter, Sargent, 2005.

第8章
政治的抵抗を応用する

民衆が無力感と恐怖心を持っている状況ならば、最初の取り組みにはリスクが低く、自信をつけさせるようなものを選ぶのがよい。こうしたタイプの行動——たとえば、服をいつもと違った風に着るといったことなど——は、異議を公共に表明し、人々がはっきりした方法で反対行動に参加できる機会を提供するものである。それ以外には、非政治的で（表面上は）取るに足らないケース（たとえば、安全な水の確保など）を、集団行動の争点に仕立て上げることもできよう。戦略立案者は、広く認識されつつ拒否されにくいという利点を持つ問題を選ばなくてはならない。こうした限られた行動で成功を収められれば、特定の不満を正すことができるだけでなく、それが力になりうることを民衆に説得できるのだ。

長期にわたる闘争において、運動戦略のほとんどは、独裁政権をすぐに根こそぎ転覆させることを狙いに**するのではなく**、代わりに、限られた範囲での目標を達成することを目的としなければならない。同時に、すべての行動にあらゆる民衆グループが参加することを求める必要もない。

全体計画を実践するための一連の特定運動を練る際、戦略立案者が検討しなければならないのは、長期闘争の初期、中期、そして終焉期においてどう運動を変えていくかである。

選択的抵抗

闘争の初期においては、互いに異なる特定の目的を持つ運動が別々に実施されるのが非常に役に立つ。こうした選択的運動は、ひとつずつ実施されてもいいだろう。時には、二、三の運動が時期的に重なってもかまわない。

「選択的抵抗」のための戦略を立案する時には、独裁政権の全般的な抑圧を象徴する特定の問題や不満を取り上げる必要がある。そうした問題は、大きな全体計画の中で中間的な戦略的目標を達成する運動を起こす際の対象として、適切なものになるだろう。

これら中間的な戦略目標は、民主化勢力が現時点で持つ、あるいは持てる見通しのある力の範囲内で達成可能なものである必要がある。そうすることによって、一連の成功が約束され、それがモラル向上にも効き、また長期闘争において力関係を有利な方向に少しずつ変化させていくことにも貢献する。

戦略立案者が最初に専念すべきは、特定の社会的、経済的、政治的問題である。それを選ぶ際には、一部の社会的、政治的制度を独裁者支配の外に置き、また現在独裁者の管理下に置かれている部分を取り戻し、あるいは独裁者の特定の目標達成を断つのはどれかを見定めることが必要だ。可能ならば、選択的抵抗運動が、独裁政権の弱点をひとつ、あるいはそれ以上攻撃するものであるべきで、これはすでに述べた通りだ。そうすることで、民主化勢力は持てる力の範囲で最大のインパクトを起こすことができるのだ。

戦略立案者は、ごく初期に少なくとも最初の運動の戦略を立てなければならない。その限定的な目標は何か？　選んだ全体計画をかなえるのに、それはどう貢献するのか？　できれば、二つめ、また三つめの運動戦略の全体的な概要くらいは描き出しておくのが賢明だろう。これらの戦略はすべて全体計画の履行に役立つもので、また全体的なガイドラインの中で運営されなければならない。

象徴的な挑戦

独裁政権を攻撃する新たな運動の出だしでは、最初の政治的行動はより特定化されるため、範囲としては限られたものになるだろう。これには、民衆の気持ちを試し、盛り上げ、また非協力や政治的抵抗を通して続けられるこれからの闘争を覚悟させるという意味を持たせるべきである。

最初の行動は象徴的な抵抗というかたちをとるか、あるいは限定的、または一時的な非協力の象徴的行動となるだろう。行動に参加する人数が少ない場合、最初の行動は、たとえば象徴的な意味を持つ場所に花を飾るということであってもよいだろう。他方、参加しようという人数が大勢の場合は、あらゆる活動の五分間停止や数分間の沈黙などが用いられよう。他にも、何人かでハンガー・ストライキを行ったり、象徴的な意味のある場所で徹夜をしたり、学生がつかの間の授業ボイコットをしたり、重要な役所内での一時的座り込みなどがあるだろう。独裁体制下では、これら積極的な行動は厳しい抑圧によって迎えられるだろう。

独裁者の宮殿や秘密警察の本部前などを物理的に占拠するといったような、一部の象徴的行動は大きなリスクを伴うため、運動の手始めとしては勧められない。

最初の象徴的な抵抗行動が全国的、国際的な注目を集めた例はある。一九八八年にビルマで起こった大衆による路上デモ、一九八九年の北京の天安門広場で起こった学生による占拠とハンガー・ストライキがそうである。いずれの場合においても、デモ側に多数の犠牲者を生んだことは、運動計画の立案において大きな注意が必要なことを教えている。そうした行動は道徳上、心理上、衝撃的ではあるが、独裁体制を倒すにはいたらない。なぜなら、行動自体はほぼ象徴的なものに留まり、独裁体制の力の位置を変えることがないからだ。

通常、独裁者に注がれる権力の源を完全に、そして迅速に分断するのは、闘争の初期において可能なことではない。そうするためには、全民衆と、これまではほぼ服従してきた社会組織のほとんどが大々的、かつ強固な非協力によって政権を徹底的に拒否し、突然無視することが必要になる。それが起こった例はこれまでになく、また達成するのはかなり困難だろう。従って、独裁体制に挑む初期の運動において、全面的な非協力や抵抗を手早く起こそうとするのは、非現実的な戦略なのである。

責任を分散させる

選択的な抵抗運動の間、困難な任を負うのは、たいてい民衆のある一群、または数グループである。運動が進んで目標が変わってくると、闘争の荷は他の民衆グループにも転じられるようになる。例を挙げれば、学生が教育問題についてストライキを行ったり、宗教リーダーや信者が宗教の自由を唱えたり、鉄道労働者たちが安全規制に綿密に従うあまり列車運行システムに遅延を生じさせたり、ジャーナリストが検閲に挑戦して、禁止された記事が印刷されるべき箇所を空白にしたまま新聞を発行したり、警察が手配中の民主化反対勢力のメンバーを繰り返し取り逃がしたりといったことがあろう。抵抗運動を、問題ごとやグループごとに段階的に実施していけば、民衆のある部分が休息を取りつつ、運動自体は継続させることができる。

選択的抵抗は、独立した社会、経済、政治グループや機関を独裁政権の支配から守るという意味でことに重要で、これについてはすでに簡単であるが述べた。これらの力の中心は、民衆が独裁的支配に対して圧力をかけたり抵抗したりする際の組織的基盤になる。闘争においては、そうしたところが独裁政権の最初の攻撃の的となることが多い。

独裁者の力を狙う

長期的闘争が、最初の戦略を超えて、より野心的な段階に進むに従って、独裁者の力の源にさらに制限を加えるにはどうすればよいかを計算する必要が出てくる。ここで目的となるのは、民衆による非協力を利用して、さらに進んだ新しい戦略的状態を民主化勢力のために作り出すことだ。

民主化抵抗勢力が力を増すにつれて、戦略立案者は、独裁政権の力の源を弱体化させるために、より野心的な非協力や抵抗を構想するのだが、その時の目標は政治的麻痺状態を引き起こすことによって、ついには独裁政権自体を崩壊させることである。

それまでは人々やグループの独裁政権支持をどう弱めることができるかについて、注意深く計画することが必要となろう。独裁政権支持は、どうしたら弱まるのか。政権が犯す残虐行為を暴露することによってか？　あるいは独裁者の政策の末に訪れる破壊的な経済状況を明らかにすることによってか？　または独裁政権が終焉を迎えることもあるのを新たに理解させることによってか？　独裁者の支持者らは、少なくとも行動においては「中立的（〝傍観者〟）」となる、または望むべくは民主化運動の積極的な支持者になるよう誘導されるべきである。

政治的抵抗と非協力の計画期や実施期間中に、独裁者の主要な支持者全員の動きに注意を払うのは非常に重要なことである。その中には、内部派閥、政党、警察、官僚が含まれるが、特に注視すべきは軍隊だ。

兵士と士官の両方に言えることであるが、軍隊がどの程度まで独裁政権に忠誠心を持つのかについては、綿密に査定する必要があり、軍隊が民主化勢力の影響を受け入れる素地があるかどうかを判断しなければならない。普通の兵士の多くは不平を抱えておののく徴収兵か？　個人的、血縁的、政治的理由で阻害されている兵士や士官は多くいるのか？　兵士や士官らを、民主化による打倒で傷つきやすくするのはどんな要素か？

自由化闘争の初期段階では、独裁者の軍隊や役人とのコミュニケーションを図るための特別な戦略が必要だ。民主化勢力は、言葉やシンボル、行動によって、自由化闘争が強力で断固として不屈なものであることを、軍隊に知らせることができる。軍隊には、闘争が独裁政権を弱体化する特別なものではあるが、彼らの命を脅かすものではないと理解を促すことが必要だ。それが、究極的に独裁者の軍隊の士気を弱め、最後にはその忠誠心と服従を民主化運動へ向けさせるようになる。同様の戦略は、警察や役人にも向けられよう。

しかし、独裁者の軍隊の共感を得て、いずれは不服従に誘導しようとすることと、現行の独裁政権を軍事的行動によってすぐさま打倒するよう軍隊を助長させることとは同じではない。そのシナリオによって、うまく機能する民主主義が芽生えることはない。というのも、（すでに述べたように）クーデターは、民衆と独裁者の力の非均衡を是正する助けにはほとんどならないからである。したがって、軍隊によるクーデターも市民戦争も、必要でもなければ望ましくもないということを、軍隊士官が共感を持って理解するよう仕向けることを計画しなければならないのだ。

士官たちが共感を抱くと、彼らは軍隊の中に不満と非協力を蔓延させ、意図的に非能率を起こし、密かに命令に従わないよう仕向け、また抑圧の実行を拒否するといった重要な役割を担うことにもなる。軍隊の人員はまた、安全な通り道や情報、食糧、医療用品など、民主化運動のために、積極的な非暴力的支援をさまざまに提供してくれるだろう。

軍隊は、非服従的な民衆を攻撃するのに鍛錬された部隊や武器を直接利用できるという点で、独裁者にとっては最も重要な力の源のひとつである。**警察、官僚、軍隊が独裁政権を完全に支持してその命令に従うのならば、独裁政権を倒すのは非常に難しいか、不可能であるということを、抵抗戦略の立案者たちは特に心しておかねばならない。**したがって、独裁者の軍隊の中にある忠誠心を削ぐことを目的とする戦略はことに優先させる必要がある。

軍隊や警察の成員にとって、不満や不服従は非常に危険なものであることを、民主化勢力は心しておくべきだ。兵士や警官には、どんな不服従の行いや反逆行為に対しても厳しい罰が科されることになっている。民主化勢力は、兵士や士官らにすぐさま反乱を起こすといったようなことは頼んではならない。そうではなく、意思疎通が可能な範囲内で、とりあえず実践可能で比較的安全な〝隠れた不服従〟がいろいろあることを明らかにするべきだろう。たとえば、兵士や警察は、抑圧の命令に非効率的に従ったり、指名手配人物を見つけ出せなかったり、抵抗者たちに弾圧や逮捕、追放が差し迫っていることを漏らしたり、重要な情報を上官に報告しそびれたり、といったことができる。兵士らが、抵抗者たちを的から外して、頭上高くを狙って撃つこともあろう。同じように、役人ならば、書類や指示書をなくしてしまったり、非効率的に仕事をしたり、〝病気〟になって〝回復〟するまで家で休養しなければならなくなってもいい。

戦略の変化

政治的抵抗の戦略立案者は、全体計画と特定の運動の戦略がどのように実践されているかを、査定し続けることが必要である。たとえば、闘争が期待したほどうまく進まないこともあり得るだろう。そうした場合には、戦略をどう変えるべきかを計算することが求められる。運動の勢力を増強させ、イニシャティブを取り戻すにはどうすればいいか？　そうしたケースにおいては、問題を識別し、戦略的な再評価を行い、時には闘争の任務を他のグループに移したり、パワー増強のための追加のリソースを動員したり、別の行動方針を考えたりすることが必要となる。それができたなら、新しい計画はすぐさま実践されるべきである。

逆に、もし闘争が期待したよりもずっとうまく進み、独裁政権が当初計算したよりも早く崩壊しそうならば、民主化勢力はいかにこの予期せぬ勝ち目を有効に利用して、独裁政権を麻痺させることができるのか？　この問いについては、次章で考察しよう。

第9章
独裁体制を崩壊させる

うまく統率されて成功につながる政治的抵抗運動なら、効果を積み重ねて抵抗派の勢力を増やし、社会の中に味方の領域を作り出し、拡大させるものだ。その結果、独裁政権がそうした領域に支配の手をのばそうとすると、十全に力をふるえない状況に直面するようになる。また、こうした運動は独裁政権への協力をどう拒み、どう政治的抵抗を行うのかについて、大切な教訓を与えてくれる。大衆規模で非協力と抵抗を行使する時機が熟した際に、この経験は大きな助けとなるものだ。

第3章で議論したように、服従、協力、屈服が独裁者の権力維持の主要な要素である。政治的な力の源へアクセスすることができなくなれば、独裁者の力は弱体化し、いずれは解体する。したがって、協力から身を引くことは、独裁政権を崩壊させるために必要かつ重要な行動である。力の源が、政治的抵抗によってどんな影響を受けるのかを、ここで考察しよう。

手に入る手段の範囲内で、拒絶と抵抗を示す象徴的な行動に出ることは、体制の道徳的、政治的**権威**――つまり正当性――を揺るがすもののひとつだ。体制の権威が大きければ大きいほど、それが受けている従属と協力も大きく、当てにされているものでもある。独裁政権の存在を真に脅かすためには、その政権を道徳的に承認しないということを行動によって表現する必要がある。協力と服従を停止することは、体制が他の力の源を調達しようとするのを遮断するためにも求められる。

力の源で次に重要なのは**人的資源**、つまり、独裁者に従い、協力し、助ける人間やグループの数とその重要度である。もし、人口の大部分が非協力を実行することになれば、政権は深刻な危機に陥るだろう。たとえば、役人がいつものように効率的に機能しないとか、自宅待機するといったことになれば、行政機構は深刻な影響を受ける。

同様に、これまで特別な**技能と知識**を提供してきた人間やグループに非協力が広まれば、独裁者がその意思を実行させる能力はひどく弱まる。まともな情報に基づいて決定を下したり、効果的な政策を立てたりする能力すら大きく弱体化するだろう。

いつも独裁者に服従したり、助力するように誘導している心理的、観念的な影響――**無形の要素**と呼ばれるものだ――が弱まったり、反転したりするなら、民衆はより非服従と非協力へと傾くだろう。

独裁者の持つ**物的資源**へのアクセスも、その力に直接作用する。財政源、経済システム、資産、自然資源、交通、そして通信手段が、実際に反体制派の手に渡る、あるいは渡りそうになれば、体制の力の重要な源がまたひとつ傷つけられ、取り除かれることになる。ストライキやボイコット、そして経済、通信、交通における自律性が増大すれば、体制は弱体化する。

すでに述べたように、脅迫したり**制裁**を加えたりする独裁者の能力——反抗的、非服従的、非協力的な人間に対する罰則——は、独裁者の力の源の中心である。この源は、ふたつの方法で叩くことができる。まず、ちょうど戦争のように、抵抗に対して深刻な代償を払おうという民衆の心づもりができていれば、独裁者が実行し得る制裁の効果は大きく減少する（つまり、独裁者が制圧を加えても、期待されるような降伏をもたらさない）。さらに、警察や軍隊自体が離反すれば、抵抗派を逮捕したり、殴ったり、撃ったりする命令が、個人、あるいは組織ベースで回避されたり、または無視されるだろう。独裁者が抑圧を実施するために、もはや警察や軍隊に頼れなくなれば、独裁体制は深い危機に陥る。

要約すればこうだ。堅固な独裁体制に対して成功を収めるには、非協力と抵抗を通して体制の力の源を減らし、取り除かなければならないということである。継続的に力の源が補給されなくなれば、独裁体制は弱体化し、最終的には崩壊する。したがって、独裁体制に挑む政治的抵抗の戦略計画を適確に練るのならば、独裁者の最も重要な力の源を標的にしなければならない。

自由を拡大させていく

選択的抵抗段階での政治的抵抗と併せて、社会、経済、文化、政治領域での自律的機関が成長すれば、社会における〝民主主義空間〟はますます拡大し、独裁体制の支配を縮小させる。社会における市民的機関が対独裁体制の中で強化されれば、独裁者が何を望もうと、民衆はその支配外のところで少しずつ独立性を築き上げていける。この〝増大する自由〟に独裁政権が介入しようとすれば、新たな空間を守るために非暴力闘争を実施することができ、独裁政権はまたもうひとつの闘争の〝前線〟に直面することになる。

この抵抗と機関作りの組み合わせは、いずれ**事実上の**自由をもたらし、独裁体制の崩壊と民主主義体制の正式な確立を揺るぎないものにする。というのも、社会における力の関係が根本的な変化を遂げているからである。

一九七〇年代、一九八〇年代のポーランドに、抵抗によって社会機能と機関が前進的に築かれていった明らかな例を見ることができる。それまでカトリック教会は、迫害を受けてはいたものの、共産党の完全な支配下にはなかった。一九七六年に、一部の知識人と労働者がKOR（労働者擁護委員会）などの小さな組織を結成して、それぞれの政治的思想を広めようとした。労働組合である連帯は、効果的にストライキを行使できる力を利用して、一九八〇年に自らの合法化に持ち込んだ。農民、学生、そして他の多くのグループもそれぞれの独立組織を作った。こうしたグループが力の構造を変えていると気がついた共産党は、再び連帯を禁止し、共産党は軍法に訴えた。

だが、厳戒令が敷かれ、多くの投獄や残虐な虐待が行われたにもかかわらず、社会に新たに生まれた独立機関は機能し続けたのである。たとえば、何十という違法の新聞や雑誌が発行され続けた。違法の出版社が毎年何百冊もの本を出し、その間著名な作家たちは、共産党の出版物や政府の出版部門に協力することをボイコットした。似たような活動が、社会のいたるところで起こっていた。

ヤルゼルスキ軍政下の軍事共産党政府は一時、社会のてっぺんで威張り散らすだけの存在に成り果てていた。役人たちは、依然として役所の事務所や建物内で仕事をしていた。政権は、制裁や逮捕、投獄、出版社の差し押さえなどによって、依然として社会を攻撃していた。しかし、独裁体制は社会を支配できなかったのだ。そこから、社会が体制を完全に倒すのは時間の問題だった。

独裁政権がまだ政府を占拠している間であっても、民主的な〝並行政府〟を組織化するのは、場合によっては不可能なことではない。これが、ライバルの政府として機能し、ますます民衆や社会機関の忠誠心や遵守、協力を得ることになるのだ。そうなると、独裁政権は徐々に政府としての体裁を失っていく。そして、ついには民主的な並行政府が独裁政権に完全に取って代わり、民主主義体制移行への一歩を築くのだ。そのうち、移行のひとつの動きとして憲法が制定され、選挙が実施される。

独裁体制を崩壊させる

社会に制度的移行が起こっている間も、抵抗と非協力運動がエスカレートし続けることもあろう。民主化勢力の戦略立案者は、いずれ民主化勢力が選択的抵抗を超えて、大衆による抵抗に着手する時がやって来ることを、早い時期から熟考しておくべきだ。抵抗する能力を生み、築き、拡大するためにはだいたいにおいて時間がかかるもので、大衆による抵抗が起こるのは数年が経ってからだ。その間、選択的抵抗の運動は、重要な政治的目標の下に実施されなければならない。社会のあらゆる階層から、多くの民衆が参加するようになっていなければいけない。活動が増大するこの時期に、政治的抵抗が堅固で鍛錬されたものであり続ければ、独裁政権内部の弱点がますます顕在化するはずである。

強力な政治的抵抗に独立機関の設立が兼ね合わされれば、いずれ民主化勢力に味方する国際的な注目も集まるだろう。同時に、独裁政権に対する国外からの外交的非難、ボイコット、輸出制限などが、民主化勢力を支援するために行われる（ポーランドでそうだったように）。

状況によっては、一九八九年の東ドイツのように、独裁体制の崩壊は非常に急速に起こることがあるのも知っておくべきだ。こうしたことは、独裁体制に全民衆が反感を抱いた結果、政権の力の源が大きく弱体化する、その時に起こる。ただ、このパターンは一般的なものではないので、闘争を長期的に計画するのが（短期的なものにも備えながら）良策だ。

自由化闘争の間、たとえ限られたものであっても勝利は祝うべきだ。手柄を立てた人間は、皆に認知されなければならない。用心しながらも勝利を祝うことは、闘争のこれからのステージでの士気を保つのに役立つのだ。

責任を持って成功を扱う

新たな独裁政権が立ち上がるのを防ぎ、永続性のある民主主義体制を徐々に確立していくために、全体計画の政策立案者は、成功した闘争を首尾よく終えるための可能で好ましい方法をあらかじめ計算しておくことが必要だ。

民主化勢力は、闘争の終焉期に独裁体制から暫定政府への移行がどう行われるべきかを考える必要がある。この時に、その機能を果たすことができる新政府を素早く打ち立てるのが望ましい。だが、それが新しい顔を据えただけの旧態依然の政府であってはならない。古い政府組織の中でどの部分が（秘密警察のように）その反民主的性質により完全に撲滅されるべきか、どの部分が残されて後に民主化されるべきかを判断する必要がある。完全な政府不在は混乱を引き起こし、また新たな独裁体制誕生への道を開いてしまう。

独裁体制の力が崩壊した時に、体制の高官らを扱う方針も前もって決めておかねばならない。たとえば、独裁者は裁判にかけられるべきか？　永遠に国外へ逃げる許可を与えられるべきか？　政治的抵抗や国家再建の必要性、勝利後の民主主義確立にそった選択肢として他に何があるか？　血の海を招くことは、将来の民主化体制に重大な帰結をもたらす可能性があるため、避けなければならない。

民主主義への移行計画のある部分は、独裁体制が弱体化している時、あるいは崩壊したその時に実施されなくてはならない。そうした計画があることで、他のグループがクーデターによって国家権力を強奪するのを防ぐ助けとなる。完全な政治的、個人的自由を掲げた民主的憲法による政府を樹立するための計画も必要である。多大な犠牲を払って勝ち取った変化を、計画不在のために失ってはならないのだ。

ますます力をつけた民衆や、独立民主化グループや機関――独裁体制はそのいずれをも支配することができない――が増加するにつれ、独裁者は自分のすべての企てが解体しつつあることを知るだろう。大規模な社会機能不全、大規模ストライキ、大衆の自宅待機、反対デモ、その他の活動は、独裁者自身の組織と支配下にある機関をますます弱体化する。そうした抵抗と非協力が賢明な方法で運営され、いずれ大衆も参加するようになった結果、独裁者は力を失い、民主主義の支持派は暴力なしに勝利する。そして、独裁体制は抵抗する民衆の前に崩壊するのだ。

そうした運動のすべてが成功するわけではなく、しかも簡単に、あるいは迅速に実現するわけでもない。軍事戦争でも、勝利を収めるのと同じほどの数が敗退に屈することを覚えておくべきだ。そうではあっても、政治的抵抗は成功への真の可能性を提供する。先述したように、賢い全体計画の立案と細心の戦略計画、努力、そして鍛錬された勇気ある闘争によって、成功の可能性は大きく膨らむのだ。

第10章
永続する民主主義のための基礎作り

独裁体制の崩壊は、もちろん盛大に祝う理由になろう。長きにわたって苦しみ、大きな犠牲のもとに闘ってきた人々は、つかの間、喜び、くつろぎ、賞賛を受けてしかるべきだ。彼らは自分たちに、そして政治的自由を勝ち取るために共に闘った仲間に誇りを感じるはずだ。全員がこの日まで生きながらえるわけではない。生きる者も死んだ者も、彼らの国に自由の歴史をかたどった英雄として記憶されるだろう。

だが、不運なことに、これは警戒心を緩めていい時ではない。政治的抵抗によって、成功裏のうちに独裁体制が崩壊しても、旧体制倒壊後の混乱の中から別の抑圧的政権が立ち上がってくるのを防ぐために、十分な予防措置が必要なのである。民主化勢力のリーダーたちは、首尾よく民主主義へ移行できるよう前もって準備しておくことが求められる。独裁的な構造は分解させなければならない。そして、永続する民主主義のための合憲的、合法的な基盤と行動の基準が構築されなければならないのだ。

独裁体制の転落と共に理想的な社会がすぐさま出現するとは、誰とて信じるべきではない。独裁体制崩壊は単なる出発点であって、自由が強化された状態の下で、社会を向上させ、人々が求めるものをさらに適切に満たすための長い努力がこれから続くのだ。深刻な問題は政治、経済、社会面で何年間も残留し、多くの人々やグループが協力して解決に臨むことを必要とする。新しい政治制度によって、多様な見解を持ち、方法論も異なる人々に同等の機会が与えられ、将来の問題に取り組むための建設的な仕事や政策の構築を続けていくことが望まれる。

新しい独裁体制の脅威

その昔、アリストテレスはこう警告している。「……暴君はまた、別の暴君に取って代わられることがある」[*14]。その証拠は、フランス（ジャコバン派とナポレオン）、ロシア（ボルシェビキ派）、イラン（アヤトラ）、ビルマ（ＳＬＯＲＣ＝国家法秩序回復評議会）、そして抑圧的な政権の崩壊を、単に自らが新しい支配者として入り込む機会だと捉える個人やグループがいるその他の国など、歴史の中には掃いて捨てるほどある。動機はそれぞれに異なっても、結果はだいたいにおいて同じになる。新たな独裁体制は、旧体制よりもより残虐で絶対的なものになることすらあろう。

旧体制の成員は、独裁体制が崩壊する前から、民主化のための抵抗闘争を中断させてクーデターを起こし、民衆による抵抗の勝利の出鼻をくじくことがある。クーデターは独裁政権の追放を謳うかもしれないが、実際には旧体制を手直ししただけの新しいモデルを押し付けようとするのに過ぎないのだ。

クーデターを阻止する

新たに自由を勝ち取った社会を踏みにじろうとするクーデターを打破する方法はある。どの程度の防御能力が必要かを前もって知っておくことが、クーデターの試みを思いとどまらせるのに十分な場合もある。準備が防止力として働くのだ。

クーデターが始まった直後から、反乱者らは正当性を必要とする。つまり、支配するための道義的、政治的権利を民衆が受け入れることである。したがって、反クーデター防衛の最初の基本原則は、反乱者たちの正当性を否定することである。

反乱者たちはまた、市民リーダーや民衆が支持するか、混乱しているか、あるいはただ従順であることを必要とする。反乱者らは、その社会に対する支配力を強化するために、専門家やアドバイザー、官僚、役人、行政官、裁判官らの協力を必要とする。さらに、政治制度、社会の機関、経済、警察、軍隊を運営する人々が受動的に服従し、通常の機能を反乱者の命令と政策に従って修正することを必要とする。

したがって、反クーデター防衛のふたつめの基本原則は、非協力と抵抗によって反乱者らを阻むことである。彼らが必要とする協力や支援は否認される。本質的に、独裁体制に対して用いられた闘争手段は、新しい脅威に対してもそのまま応用できるのだ。正当性と協力の両方が拒否されれば、クーデターは政治的飢餓によって死に絶え、民主化社会を築く機会に道を譲ることになろう。

憲法草案を作る

新しい民主主義体制は、民主的政府のあるべき枠組みを打ち立てるための憲法を必要とする。憲法は、政府の目的、政府権力の制限、政府高官や議員らが選出される選挙、人々の生得権、そして国家政府とその他の下のレベルの政府との関係を制定する。

民主主義を保つためには、中央政府内で立法、行政、司法という政府の柱の間で権限が明確に分立されなければならない。警察、諜報、軍隊の活動については、合法的な政治的干渉を禁止するために厳しい制限が設けられなければならない。

民主主義体制を守り、独裁的な偏りや手段を妨げるように、憲法は地域、州、そして地元レベルの政府に大きな権限を与える連邦制度を築くことが望ましい。状況によっては、スイスのカントン（州）制度を考慮するのもよいだろう。スイスでは、国家全体の一部でありながら、この比較的狭い地域が多くの特権を握っている。

新たに自由化された国の歴史に、こうした特徴の多くを備えた憲法がかつて存在していたのならば、単純にそれを復活させ、必要かつ望ましい修正を加えるのが賢明だろう。もし適切な旧憲法がない場合は、暫定的な憲法の下に政府を運営する必要があるだろう。そうでなければ、新たな憲法が準備されなければならない。憲法を新しく生み出すためには、多大な時間と思考が必要とされる。このプロセスには民衆が参加することが望ましく、また新たな文面や修正の認証のために民衆の参加は必須である。後になって実現が不可能となるような誓約や、高度に中央化された政府を必要とするような修正を憲法に盛り込むことには、特に慎重になるべきだ。というのも、このいずれもがまた新たな独裁体制を育むことになり得るからである。

憲法の語彙は、民衆の大多数が簡単に理解できるようなものでなければならない。憲法は、弁護士やエリートだけが理解できるような、複雑、あるいはあいまいなものであってはならない。

民主主義的な防衛政策

自由化された国家は国外からの脅威に直面することもあり、それに備えて防衛能力を整備することが必要となる。また、経済、政治、軍事的占領を企てようとする国外からの脅威にさらされることもあろう。

国内での民主主義を維持するためには、国家防衛にも政治的抵抗の原則を適用することを真剣に考慮すべきだ。[*15] 新たな自由国家は、抵抗の力を市民の手に委ねることによって、軍事力を構築する必要性を回避することができる。軍事力はそれ自体が、民主主義を脅かしたり、本来ならば他の目的に向けられるべき多大な経済的資源を奪ったりするものだ。自らを新たな独裁者として打ち立てる目的のために、どんな憲法の準備をも無視するグループがいることも覚えておかなければならない。つまり民衆には、将来の独裁者に対して政治的抵抗と非協力を行使し、民主主義的な構造、権利、手続きを守る永遠の役割があるのだ。

価値ある責任

独裁者を弱体化して取り除くだけでなく、抑圧された人々にパワーを与えるのも非暴力闘争の効果のひとつである。この手法は、それまで自らを人質や犠牲者としてしか自覚できなかった人々が、奮闘して大きな自由と正義を勝ち取ることに直接力を注ぐのを可能にする。この闘争体験は、かつては無能と感じていた人々の自尊心や自信を高めるのに貢献するという、心理的な結果をもたらすものだ。

非暴力闘争を民主的政府の構築に使うことがもたらす長期的で有益な結果は、社会が継続的な問題や、あるいは将来の問題をよりうまく取り扱えるようになることである。たとえば、将来における政府の権力乱用、腐敗、民衆グループに対する虐待、経済的不正、そして政治体制が民主的性質を制限することなどが、これに含まれる。政治的抵抗を体験した民衆は将来、独裁体制により傷つきにくくなる。

非暴力闘争になじんでいれば、自由化の後も民主主義、市民的自由、少数派の権利、そして地域、州、地元政府や非政府機関の特権を護る方法を手中にしていることになる。そうした手段はまた、反対派グループが時にテロやゲリラ戦争に陥ってしまうような重要な問題についても、究極の異議を平和的に表現する方法を与えるものだ。

本書が政治的抵抗や非暴力闘争を評価するのは、民衆にのしかかる独裁的な抑圧をはねのけ、人間の自由と社会向上をめざす民衆の行動を尊重するような、永続的な民主主義制度を打ち立てようとする、すべての人やグループを支援したいという考えに基づいている。

ここに描かれた考え方がもたらす三つの大きな結論は、以下である。

・独裁体制からの自由化は可能である。
・それを達成するには、非常に慎重な考えと戦略計画が求められる。
・警戒心と努力、鍛錬された闘争、時には大きな犠牲が必要である。

よく引用される言葉「自由はただではない」は真実である。どんなに渇望される自由でも、それを外部の力が抑圧された人々に与えてくれることはない。その自由は自らの手でどう勝ち取るのかを学ばねば手に入らないだろう。ことが簡単であるはずはない。

もし、人々が自らの自由のために何が必要かを把握できれば、苦痛は伴うが、いずれその自由をもたらす行動の流れを描き出すことができる。そうすれば、不断の努力の下に新しい民主主義的規律を構築し、その防御に備えることができる。このタイプの闘争で得られた自由は永続する。自由を護り、豊かなものにすることに打ち込む粘り強い人々によって、それは保持されていくのだ。

＊14 Aristotle, *op. cit.*, Vol. V, Chapter 12, p. 233.

＊15 Gene Sharp, *Civilian-Based Defense: A Post-Military Weapons System*, Princeton, New Jersey: Princeton University Press, 1990.

あとがきにかえて——

謝辞、そして『独裁体制から民主主義へ』が書かれた背景について

ジーン・シャープ

本書のオリジナル版の執筆に際しては、何人かの人々に感謝したい。一九九三年に私の特別助手を務めたブルース・ジェンキンズは、内容や書き方について問題点を指摘し、はかり知れないほどの貢献をしてくれた。彼はまた、難しい概念（特に戦略について）に関する強い明快な記述、再構成、編集上の改良を求めて、鋭い意見をくれた。

編集上の助力を提供してくれたステファン・コーディーにも感謝したい。クリストファー・クルーグラー博士とロバート・ヘルヴィーは、非常に重要な批評とアドバイスをくれた。ヘイゼル・マクファーソン博士とパトリシア・パークマン博士は、それぞれアフリカと南米での闘争について情報を提供してくれた。ただし、本書での分析や結論の責任はすべて私自身にある。

近年になって、本書の翻訳に関するガイドラインが、主にジャミラ・ラキープの助力と初期の経験にもとづいて作られた。ガイドラインは、ことばの正確さを確保するために必要なもので、この分野では確立した明快な用語集がこれまで存在していなかった。

『独裁体制から民主主義へ』は、ビルマ（ミャンマー）の傑出した亡命外交官で、当時『新時代ジャーナル（*Khit Pyaing*）』の編集長だった故ウー・ティン・マウン・ウィンの要請によって書かれた。

執筆にあたっては、非暴力闘争、独裁体制、全体主義、抵抗運動、政治理論、社会分析、その他の分野における四十年以上の研究と論文をもとに準備した。ビルマを熟知していたわけではなかったので、ビルマだけに焦点をあてた分析を書くことは、私にはできなかった。したがって、分析は一般的なものとせざるを得なかったのだ。

この著述は一九九三年、タイのバンコクでビルマ語と英語で何度かにわたって『新時代ジャーナル』に連載された。その後、両国語で小冊子として発行され（一九九四年）、再度ビルマ語で発行された（一九九六年、一九九七年）。オリジナルの小冊子は、ビルマの民主主義復興のための委員会の助けを借りて、バンコクで発行されている。

小冊子は、ビルマ国内と海外の亡命者や支持者たちの間で、こっそりと回覧された。ここでの分析は、ビルマの民主主義者や、ビルマ人が牛耳るラングーン中央政府からの独立を願う種々の少数民族グループが利用することを念頭に置いて書かれたものだった（ビルマ人はビルマの多数派民族グループである）。

一般的なものとして分析を記述したことが、専制主義や独裁政権に抑えられた他の国々にも通用しようとは、予測もしていなかった。しかし、本書を自国語に翻訳して自国で広めようとする人々は、まさにそう認識したようである。まるで自分の国のために書かれたように感じられるという報告を、何人かから聞いた。

ラングーンのＳＬＯＲＣ（国家法秩序回復評議会）軍事独裁政権は、すぐさま本書の出版を非難した。一九九五年と一九九六年にすさまじい勢いで攻撃し、聞くところによると、後になっても新聞やラジオ、テレビで非難が続けられた。二〇〇五年になっても、禁書を所持していたというだけの理由で、人々は七年の禁固刑に処されている。

他の国で本書を広めるためのプロモーションを行ったわけではないのにもかかわらず、本書の翻訳や配布は自然に広がっていった。たとえば、バンコクの書店のウィンドウに飾られた英語版を見たインドネシアの学生が、それを買って自国に持ち帰った。そこでインドネシア語に翻訳され、一九九七年に大手出版社から出版されたが、その時紹介文を寄せたのはアブドゥルラフマン・ワヒドである。ワヒドは、三五〇〇万人のメンバーを抱える世界最大のイスラム組織、ナフダトゥール・ウラマ（NU）の議長を務め、後にインドネシア大統領になった人物である。

その当時、私の事務所であるアルバート・アインシュタイン研究所にはバンコクで発行された英語版のコピーがほんの数部あるだけだった。適切と思われる問い合わせに対しては、またコピーを取って送るといったことを数年続けていた。その後、カリフォルニアからやってきたマレク・ゼラスキウィッツ〔ポーランド系のアメリカ人の社会学者〕がミロシェヴィッチ時代のベオグラードにコピーを一部持ち帰り、市民イニシャティブという組織に手渡した。市民イニシャティブは、セルビア語に翻訳して出版した。ミロシェヴィッチ政権崩壊後にセルビアを訪れた際、抵抗運動にこの小冊子が大きな影響力を持っていたと知らされた。

もうひとつ重要だったのは、退役アメリカ陸軍大佐のロバート・ヘルヴィーがハンガリーのブダペストで二〇人のセルビア人の若者を対象に非暴力闘争のワークショップを行い、非暴力闘争の特性と可能性について伝えたことだろう。ヘルヴィーは、彼らに『非暴力行動の政治（*The Politics of Nonviolent Action*）』も全巻与えている。この若者たちは後にミロシェヴィッチを倒した非暴力闘争を率いた「オトポール！」という組織になったのである。

私たちは、本書の存在が国から国へとどう広がっていったのかを知らない。最近は、われわれの研究所のウェブサイトから入手可能になっていることが重要な役割を果たしているが、明らかにそれが唯一の要素ではない。そこにあるつながりを辿っていくことは、大きな研究プロジェクトにもなるだろう。

『独裁体制から民主主義へ』は深い分析で、簡単に読めるものではない。それでも、大変な作業と出費が伴うこともいとわず、少なくとも二八言語（二〇〇八年一月時点）への翻訳が行われたのは、それだけ重要なものと捉えられているからだろう。

本書の翻訳がプリント版やウェブサイト上で公開されたのは、次のような言語にわたっている：アムハラ語（エチオピア）、アラビア語、アゼリ語（アゼルバイジャン）、バハサ・インドネシア語、ベラルーシ語、ビルマ語、チン語（ビルマ）、中国語（簡体字および繁体字）、ディヴェヒ語（モルディブ）、ファルシ語（イラン）、フランス語、ジョージア語、ドイツ語、チンプオ語（ビルマ）、カレン語（ビルマ）、クメール語（カンボジア）、クルド語、キルギス語（キルギスタン）、ネパール語、パシュト語（アフガニスタンおよびパキスタン）、ロシア語、セルビア語、スペイン語、チベット語、ティグリニャ語（エリトリア）、ウクライナ語、ウズベク語（ウズベキスタン）、そしてベトナム語である。加えて数カ国語が現在準備中である。

一九九三年から二〇〇二年の間には六言語で翻訳が出された。それが二〇〇三年から二〇〇八年の間には、二十二言語にもなった。

翻訳がこれだけ多様な社会と言語に広まったことは、最初に本書に触れた個人が、ここにある分析を彼らの社会においても意義あるものと見たためと、仮にでも結論づけてもよいのではないかと考えている。

二〇〇八年一月
マサチューセッツ州ボストン
アルバート・アインシュタイン研究所にて

さらに知りたい人への文献案内

・*The Anti-Coup* by Gene Sharp and Bruce Jenkins. Boston: The Albert Einstein Institution, 2003.

・*Sharp's Dictionary of Power and Struggle: Language of Civil Resistance in Conflicts* by Gene Sharp. New York: Oxford University Press, 2011.

・*On Strategic Nonviolent Conflict: Thinking About the Fundamentals* by Robert L. Helvey. Boston: The Albert Einstein Institution, 2002.

・*The Politics of Nonviolent Action*（3 vols.）by Gene Sharp. Boston: Extending Horizons Books, Porter Sargent Publishers, 1973.

・*Self-Liberation* by Gene Sharp with the assistance of Jamila Raqib. Boston: The Albert Einstein Institution, 2010.

・*Social Power and Political Freedom* by Gene Sharp. Boston: Extending Horizons Books, Porter

Sargent Publishers, 1980.

· *There Are Realistic Alternatives* by Gene Sharp. Boston: The Albert Einstein Institution, 2003.

· *Waging Nonviolent Struggle: 20th Century Practice and 21st Century Potential* by Gene Sharp. Boston: Extending Horizons Books, Porter Sargent Publishers, 2005.

The Albert Einstein Institution
P. O. Box 455 East Boston, MA 02128, USA
Tel: USA + 1 617-247-4882 FAX: USA + 1 617-247-4035
Email: einstein@igc.org Website: www.aeinstein.org

訳者あとがき

瀧口範子

本書は、非暴力闘争の研究家であるジーン・シャープ博士の著書『*From Dictatorship to Democracy: A Conceptual Framework for Liberation*』（二〇一〇年版）を翻訳したものである。

本書は、独裁政権の政治的な力とはどんな要素で成り立っているのかを分析し、それを断つことで独裁体制を崩壊させることができると説き、そのためには、周到な戦略計画を立てることが重要だと強調するものだ。

その中で、ハッと驚くようなシャープ博士の炯眼は、次のようなところに現れている。ひとつは、独裁政権を成り立たせている源はすべて、人々の意識的、無意識的な支持や従順によっていると見抜いた点だ。同博士はこう書く。「政治的な力の源はすべて、民衆側が政権を受け入れ、降伏し、従順することによっており、また社会の無数の人々や多機関の協力によって成り立っている」（本書四四ページ）。逃げ場のない独裁体制と見えても、実はそれは民衆自身の選択によって成立しているということである。

また、「非暴力」ということばの明快な定義にも注意を払いたい。非暴力とは無抵抗ではない。また平和主義の概念の中で語られる非暴力とも意を異にしている。「非暴力闘争」と表現されているように、ここでの非暴力は「闘い」のための手立てであり、積極的、かつ戦略的にさまざまな方法を用いて展開される戦術のことだ。「一方の頬を殴られれば、もう片方の頬も差し出すがよい」といったような、暴力に耐え忍ぶ無抵抗による抗議とは一線を画し、もっと実践的に行使していくものなのである。この区別は、非常に重要なものだ。

そして、なぜ「非暴力」なのか。それが本書の最大のポイントだろう。武器や兵士など、圧倒的な軍事力を備えた独裁政権に対して暴力で挑むことは、負けが約束された闘いに向かうようなものだからだ。それよりも、独裁政権が闘う術《すべ》を持たない非暴力という方法で臨む方が有効だということだ。非暴力でも、注意深く計画して実践していけば相手を倒せる。シャープ博士はそんなことばは使わないだろうが、「もっと賢く頭を使え」という意味だと、私自身は解釈した。

本書の最後に付録として記されている「非暴力行動198の方法」は、長年の研究を通してシャープ博士が拾い上げ、検証してきた方法である。これらは同博士が頭の中で案出したものでも、理想的アプローチとして思い描いたものでもなく、歴史の中で実際に用いられた方法である。同博士によると紀元前にも非暴力闘争の史実はあるそうで、それらが一覧として整理されたことによって今、多くの国の人々が使うことができるようになっている。複数の方法を、同時に、あるいは時間差をつけて実践していくことが成功のための要《かなめ》となる。

このような炯眼が、本書をただの机上の空論ではない実践的なものにし、また独裁体制とは無関係な生活空間にいるわれわれのような人間にとっても、「権力」や「パワー」を新たな目で再認識する手立てを与えてくれたのだと感じている。

初めて原書に目を通した時、私は自分の中に非常に共鳴するものがあるのを不思議に思ったのだが、それは、シャープ博士の翳りのない明晰さに加えて、先進国に住むわれわれの日常においても、権力やパワーを含めた「力」とは決して無関係ではいられない、ということが理由だろう。政治的ばかりでなく社会的、経済的に、また職場で、あるいは家庭内で、われわれは大小の力の作用の中で暮らしている。家庭内暴力や学校でのいじめといった問題がある場合はもちろんだが、ごく普通に見える生活の中でも、力に従順してしまった結果、何らかの不服や不愉快、不幸を味わう結果になったということは数えきれないくらいある。本書は、そうしたわれわれにも、力の成り立ちや自分自身に対する意識、そして不条理な力に抵抗する潜在力を喚起してくれるものであると思う。

シャープ博士は一九二八年生まれのアメリカ人で、今年八十四歳。ボストンの労働者層が多く住む地域に質素な自宅兼事務所を構え、所員二人と共に、現在も研究と活動を続けている。

六十年近くにわたって非暴力闘争研究を続けてきたシャープ博士だが、彼の存在は近年になるまでごく限られた人々の間で知られているに過ぎなかった。特に欧米、そして日本も含めた先進諸国では、だ。

同博士の名前が急に取り上げられるようになったのは二〇一一年初め、チュニジアで始まった中東の「アラブの春」がエジプトに広がりを見せていた頃である。人々が大きな武力衝突を起こすことなく、三十年にわたるムバラク独裁政権を崩壊に追いつめたその背後に、非暴力闘争の戦略的方法を説いたシャープ博士の影響があると、アメリカやイギリスのメディアが伝え始めたのだ。同博士の著作の影響は、それ以前から東欧、旧ソ連、アジア、アフリカ各地にも及んでいる。

シャープ博士が非暴力闘争の研究を始めたのは、オハイオ州立大学卒業後である。さまざまな職業に就きながらニューヨーク市立図書館に通いつめ、マハトマ・ガンジーの研究書を書き進めた。だが、当時アメリカは朝鮮戦争に突入しており、兵役に関連した不服従でシャープ博士はＦＢＩに拘留される。裁判を待つ間に手紙を宛てたのが、物理学者のアルバート・アインシュタインだ。ガンジー研究書のまえがき執筆を依頼したのである。シャープ博士が二十五歳の時だった。

結局、シャープ博士は、減刑されたものの九カ月あまりを刑務所で過ごし、釈放後、アインシュタインのまえがきと共に研究書は出版された。その後ヨーロッパに渡った同博士は、ロンドンで短期間を過ごした後、オスロの社会研究所の研究員となって非暴力闘争の研究を続けた。しかし、研究費補助が打ち切られたのを機に、オックスフォード大学で政治学の博士課程に入り、ここで独裁体制の政治的な力に対する洞察を深めていく。そして、独裁体制は民衆が従わなければ力の源を失う、だからこそ非暴力闘争が有効であるという結論に到達するのである。

やがてアメリカに戻り、一九六五年からハーバード大学の国際関係研究所で研究員を務め、一九七二年からは並行してマサチューセッツ大学ダートマス校で政治学を教えた。自身のアルバート・アインシュタイン研究所を設立したのは、一九八三年である。

その後、人々が闘争を続ける世界各国の現場を訪ね、一九九〇年代初頭にはビルマに潜入して反政府勢力に対してワークショップを行ったことがきっかけとなって、タイで本書が発行された経緯は、同博士のあとがきにある通りである。

アインシュタイン研究所は長年、財を成したシャープ博士の教え子による援助の下に活動していたが、十年ほど前にその援助が打ち切られてからは個人財団や個人からの寄付金で支えられている。現在は、六〇〇人ほどが世界各地から寄付金を寄せているという。

今でも研究所には、世界中から人々が訪ねてくる。独裁体制下で苦しむ国民の組織、亡命者のグループ、外国からの圧力に屈している国の人々などである。研究所のエグゼクティブ・ディレクターのジャミラ・ラキーブによると、アドバイスを求めてくる彼らに対して、シャープ博士はワークショップを行っているが、それは戦略計画自体を立案するのではなく、ガイドラインを示したり、すでに進めている運動の軌道が正しいかどうかフィードバックを与えたりするようなものであるという。それぞれの国の事情は異なり、そのエキスパートではないという限界を意識した上で採っている立場だ。

ただし、ワークショップの参加者は事前にシャープ博士の著書や、その他の資料を読み込んでやって来る。中には、何年もかけて準備をしてくる人々もいるという。一日十時間のワークショップを丸二日続けるような場合もあるが、いずれのワークショップも無料で提供している。ワークショップにやってくる当事者たち、ここから本当の益を得る人々は、料金を支払えないことがほとんどだからだという。

中東の動向だけに限らず、世界中で非暴力闘争が注目される背景には、時代の空気のようなものもあるように感じられてならない。今や武力を用いた戦争にははっきりとした終結がない。その一方で、ウォールストリート占拠やロシアでのプーチン大統領再就任反対運動などに見られたように、大勢の人々が不服を非暴力的な方法で表明することで、「これまでまかり通ってきたことも、これからはそうはいかない」と広く世界に伝えることに成功している。

昨年は、シャープ博士の著書が東欧や中東の政変にどう影響を与えたのかを追ったドキュメンタリー映画『非暴力革命のすすめ（How To Start A Revolution）』も制作され、日本でもNHK－BSで放映されたが、この英国人監督ローリー・アローは、編集権を自分のもとに留めつつ、さまざまなアーカイブ映像の使用料を賄うために、インターネット上で制作資金を募り、六八八人から五万七三四〇ドルを集めた。目標額の三万ドルを軽く超える額だ。非暴力的な方法論に対して、人々の関心がそれだけ高まっていることが感じられる。アロー監督は現在、この作品をもとにしてシャープ博士の伝記執筆に取りかかっている。

さて、本書を含め、シャープ博士の著書の多くはアインシュタイン研究所のウェブサイトでパブリック・ドメイン著作として公開されており、自由に閲覧が可能になっている。このように掲載されているのは、世界各国で独裁政権下に苦しむ人々が、苦労することなく非暴力の方法論にアクセスできるようにとの配慮からだ。実際、各国の活動家たちが自国語に翻訳して簡易印刷された冊子は、東欧や中東、アフリカ、アジアでかなりの部数が出回っているようだ。

邦訳版の本書に関しては、アインシュタイン研究所と話し合い、まずプリント版書籍として出版されるのが望ましいという結論にいたった。日本でより多くの人々に手に取ってもらいたいという希望があったからである。私自身は、民主主義の先進国である日本での売上の一部が、アインシュタイン研究所の活動を支えるのに使われ、独裁政権に苦しむ人々に間接的に役立てられることも目的としたかった。出版というかたちを採ることで、そうした流れが作られることを喜んでいる。

ただし、研究所は翻訳に関して一定のガイドラインを設けている。キーとなるいくつかの単語の扱い方については最大限の注意を促すと共に、翻訳プロセスに関してもエバリュエイター（翻訳の質について評価判断をする人間）をつけるなどの決まりを設けている。

日本語への翻訳に際しても、「political」「power」といった一見単純に思われる単語について研究所と何度も話し合った。当初、私は「power」をさんざん悩んだ挙げ句、独裁者側の「権力」と民衆側の「パワー」とに訳し分けていたのだが、研究所側は「power」の訳語にも否定的・肯定的意味の双方が付与されることを十分理解した上で、「最も強い意味を持つ同一の単語」を用いて欲しいという要望を出してきた。その理由は、本書の第3章にも記された「political power」の源（四三ページ）はどちらの側にあっても同じであり、異なるのはその度合いであるからだ。

本原書は、パブリック・ドメイン著作として幅広く読まれてはいるものの、訳し方によってはシャープ博士が単語、用語の中に込めた意味が緩く、ボヤケたものになってしまう恐れがある。その結果、非暴力闘争自体が効力を弱めてしまうことを博士自身は深く危惧している。

それにしてもシャープ博士は、そもそもなぜ非暴力闘争に関心を持ったのか。父親がプロテスタントの牧師だったという家庭環境のせいなのか。私の問いに対して、博士はこう答えている。

「最初は、宗教的な理由によるものだった。だが、それはそのうち宗教的でも倫理的でもなく、苦しんでいる人間がいるという認識に取って代わられた。これをどうにかしなければならないと思ったのだ。私は、自分が人生を終える時には、世界が少しでも良くなっていて欲しいと願っている。それは、あらゆる人間の責任でもあると思っている」。

独裁政権を倒す最初のステップは、人々が恐怖心を払拭することであるとシャープ博士は強調している。相手側にも弱点はある。それを見極めることだ、と。その上で賢明に、頑固に、鍛錬された方法で、粘り強く。それがシャープ博士が非暴力闘争の実践で大切だと説くあり方だ。

ここで語られる方法論は、動かし難く見える社会システムを変えるためにも有効なものである。しかもそれは、天才でない、ごく普通の人間にも実践可能なもの。それがシャープ博士のメッセージだ。

本書の出版は、いろいろな方のご助力を得て実現した。

ダイヤモンド社のダイヤモンド・オンライン編集長（当時）で現在はロイター通信の副編集長（コンシューマーメディア部門）である麻生祐司氏は、エジプトのタハヒール広場での興奮もまだ冷めやらない二〇一一年三月に、シャープ博士のもとへインタビューに出かける機会を与えて下さった。当初は、中東の若者が手にしたのと同じ本をよく知りたいというだけの動機だったが、本書がもっと普遍的な意味を持っていることはこの時に学んだ。

パブリック・ドメインに属している著作を出版するのは日本では珍しいことで、本書の出版社探しには非常に苦労した。しかし、筑摩書房編集局の大山悦子さんは、本書が持つ重要な意味と役割をすぐに理解し、出版の実現へ懸命に働きかけて下さった。また、編集過程でいただいたさまざまな指摘は、非常に有益なものばかりだった。

また中島夕幾さんは、翻訳のエバリュエイターを引き受けて下さり、きめ細かな査定作業を行った上で、いくつものアドバイスを下さった。

この場を借りて深く感謝をお伝えしたい。

二〇一二年七月一〇日

カリフォルニア州サンフランシスコにて

本書は「ちくま学芸文庫」のために新たに訳出された。

非暴力行動198の方法*

■非暴力抵抗と説得の方法

形式的声明の方法

1. 公共の場で演説する
2. 反対意見や支援を示す手紙を送る
3. 組織や機関による宣言を行う
4. 署名入りの公共声明を出す
5. 告発や決意を宣言する
6. グループや大衆による嘆願を出す

幅広い人々とのコミュニケーション手段

7. スローガン、風刺画、シンボル
8. 旗、ポスター、プラカード
9. チラシ、パンフレット、本
10. 新聞、刊行物
11. レコード、ラジオ、テレビ
12. 空中文字、地上文字

---

* このリストは、Gene Sharp, *The Politics of Nonviolent Action,* Part Two, The Methods of Nonviolent Action（こちらは用語の定義と史実を扱う）より採った。
（編集部——リストに付された注は訳者によるものである）。

グループによる主張の方法

13. 代表団を設置する
14. 模擬的な賞を授与する
15. グループによるロビー活動を行う
16. ピケを張る(1)
17. 模擬的な選挙を実施する(2)

象徴的な公然行動の方法

18. 旗や象徴的な色を掲げる
19. シンボルを身につける
20. 祈禱や礼拝を行う
21. 象徴的なモノを届ける
22. 抵抗のための脱衣行動を起こす
23. 自身の所有物を破壊する
24. 象徴的な明かりを掲げる
25. 肖像画を提示する
26. 抗議のためにペンキを塗布する(3)
27. 新しい標識や名前を掲げる(4)
28. 象徴的な音を鳴らす
29. 土地や領土の象徴的な返還要求行動を起こす(5)
30. 無礼な身振りをする

---

(1) 重要な場所に行って歩き回ったり座り込んだりして、監視すること。
(2) 合法的に選挙を行うことが認められていない場合に、独自に直接選挙や訪問による票回収などの方法で違法な選挙を行うこと。
(3) 肖像画や看板にいたずら描きをしたり、塗りつぶしたりすること。
(4) 道路や駅名などの標識を撤去したり、異なった名前をつけたりすること。
(5) 重要な意味を持つ土地に木を植えたり、建物を建てたりすること。

個人に対して圧力をかける方法

31. 役人に“付きまとう”
32. 役人をなじる
33. 馴れ馴れしくする(6)
34. 寝ずの座り込みを行う

演劇と音楽

35. ユーモラスな寸劇やいたずらを行う
36. 演劇や音楽会を上演する
37. 歌を歌う

行進を利用する方法

38. 行進をする
39. パレードを行う
40. 宗教的な行列を実施する
41. 巡礼する
42. 車によるパレードを行う

死者を讃える方法

43. 政治的追悼式を催す
44. 模擬的な葬儀を行う
45. 示威的な葬儀を行う
46. 墓参りする

---

(6) 主に兵士や警察を相手に、親しげに振るまって、こちら側の影響力を直接的、間接的に与えること。

公の集会方法

47. 抗議や支援の集会を開く
48. 抗議会合を持つ
49. 偽装した抗議会合を開く
50. 討論会を開く

撤退と放棄の方法

51. 退室する
52. 沈黙する
53. 勲章を放棄する
54. 背中を向ける(7)

■社会的非協力の方法

人を排斥する方法

55. 社会的にボイコットする
56. 選択的な社会的ボイコットを行う
57. セックス・ストライキをする(8)
58. 破門する
59. 聖務禁止令を出す(9)

社会的行事、慣習、機関への非協力の方法

60. 社会活動やスポーツ活動を停止する

---

(7) 文字通り身体的に背中を向けて沈黙すること。
(8) 好戦的な夫に対して、妻たちがセックスを拒否し続けること。
(9) 宗派のトップが、特定の地区での祭事の禁止を命じること。

61. 社会的行事をボイコットする
62. 学生ストライキを行う
63. 社会的非服従を起こす
64. 社会的機関から脱退する

社会制度からの撤退の方法

65. 自宅待機する
66. 完全な個人的非協力を行う
67. 労働闘争を起こす
68. 避難所を設ける
69. 集団失踪する
70. 抵抗の逃避行（ヒジュラ）をする

■経済的非協力の方法：(1)経済ボイコット

消費者による行動の方法

71. 消費者によるボイコットを起こす
72. ボイコット製品の非消費行動を起こす
73. 耐乏生活に入る
74. 家賃不払いを起こす
75. 賃貸拒否をする
76. 全国的消費者によるボイコットを起こす
77. 海外の消費者によるボイコットを起こす

労働者や生産者による行動の方法

78. 工員によるボイコットを起こす
79. 生産者によるボイコットを起こす

中継ぎによる行動の方法

80. 原料供給者や仲買人によるボイコットを起こす

オーナーや経営陣による行動の方法

81. 売買業者によるボイコットを起こす
82. 土地の賃貸や販売を拒否する
83. 閉鎖する
84. 産業支援を拒否する
85. 商人による“全体ストライキ（ゼネスト）”を起こす

財政源の所有者による行動の方法

86. 預貯金を引き出す
87. 料金、会費、税金の支払いを拒否する
88. 負債や金利の支払いを拒否する
89. 財源や信用金を遮断する
90. 政府への支払いを拒否する
91. 政府紙幣を拒否する

政府による行動(10)

92. 国内通商を禁止する
93. 業者をブラックリスト化する
94. 海外販売業者との取引を禁止する
95. 海外買受業者との取引を禁止する
96. 国際貿易を禁止する

---

(10) この政府とは、何らかの独裁的権力が支配的な中で、別の政府が存在している場合のこと。

■経済的非協力の方法：(2)ストライキ

象徴的ストライキの方法

97. 抗議のストライキを起こす
98. 急に退室する（稲妻ストライキ）

農業ストライキの方法

99. 農民によるストライキを起こす
100. 農場労働者によるストライキを起こす

特殊グループによるストライキの方法

101. 押しつけ労働を拒否する
102. 囚人によるストライキを起こす
103. 同業組合によるストライキを起こす
104. 専門職によるストライキを起こす

通常の産業ストライキの方法

105. 機関によるストライキを起こす
106. 業界でのストライキを起こす
107. 同情ストライキを起こす(11)

限定的ストライキの方法

108. 細分ストライキを起こす(12)
109. バンパー・ストライキを起こす(13)

---

(11) 他の作業員の苦境を解決するために行うストライキ。
(12) 職場から作業員が一人ずつ去って行く方法で行われるストライキ。

110. 減産ストライキを起こす
111. 順法ストライキを起こす
112. 仮病を使って休む
113. 辞職によるストライキを起こす
114. 限定的ストライキを起こす(14)
115. 選択的ストライキを起こす(15)

複合的産業ストライキ

116. 一般的ストライキを起こす(16)
117. 全体ストライキ（ゼネスト）を起こす

ストライキと経済封鎖を組み合わせた方法

118. 同盟休業をする
119. 経済封鎖をする

■政治的非協力の方法

権力に対する拒絶の方法

120. 忠誠を保留、あるいは撤回する
121. 公的援助を拒否する
122. 抗議を唱える文書公開や演説を行う

---

(13) ある業界の中で、会社ごとにストライキに入っていく方法。
(14) 特定の時間帯に作業しないことで行われるストライキ。時限スト。
(15) 特定の作業だけを行わないストライキ。
(16) 過半数の作業員は仕事を続けるストライキ。部分スト。

市民による政府への非協力の方法

123. 立法機関をボイコットする
124. 選挙をボイコットする
125. 政府による雇用や就職をボイコットする
126. 政府の省、機関、その他の組織をボイコットする
127. 政府の教育機関から退学する
128. 政府支援を受ける組織をボイコットする
129. 執行機関への協力をボイコットする
130. 自身の標識や表札を撤去する
131. 役人指名の受託を拒否する
132. 既存機関の解散を拒否する

市民による服従に代わる方法

133. 不承不承と緩慢に従う
134. 直接的な指示不在の下で非服従を行う
135. 民衆規模での非服従を行う
136. 偽装的な不服従を行う
137. 集会や会合解散を拒否する
138. 座り込みを行う
139. 徴兵や国外追放に対して非協力になる
140. 潜伏や逃避をし、偽りの身分を名乗る
141. “非合法的”な法律に対して市民的不服従を起こす

政府職員による行動の方法

142. 政府職員による支援を選択的に拒否する
143. 指令や情報系統を遮断する
144. 足止めや障害を起こす

145. 事務業務全体での非協力を起こす
146. 司法関係者による非協力を起こす
147. 警察関係者による意図的非効率と選択的非協力を起こす
148. 上官に対する暴動を起こす

政府による国内行動の方法

149. 疑似合法的な回避や遅延を起こす
150. 地方政府による非協力を起こす

他国の政府による行動の方法

151. 外交や他の代表を変更する
152. 外交行事を遅延する、あるいは取り止める
153. 外交交渉を保留する
154. 外交関係を断絶する
155. 国際機関から脱退する
156. 国際機関への入会を拒否する
157. 国際組織からの除名を受ける

■非暴力的介入の方法

心理的介入の方法

158. 自らをその要素にさらす(17)
159. 断食する
 (a) 道徳的圧力をかけるための断食

---

(17) 火や灼熱の太陽など、身体的、心理的に極限状態に陥るような状況に身を置くこと。

(b) ハンガー・ストライキ
(c) サティーヤグラハ的（非暴力抵抗としての）断食
160. 逆提訴する
161. 非暴力的いやがらせをする

物理的介入

162. 座り込みを行う
163. 立ち尽くしをする
164. 無許可乗車をする
165. 無許可の水中侵入をする(18)
166. 歩き回りをする
167. 無許可で祈禱をする
168. 非暴力的急襲をかける
169. 非暴力的空襲をかける
170. 非暴力的侵入をする
171. 非暴力的な介入を行う
172. 非暴力的妨害をする
173. 非暴力的占拠をする

社会的介入

174. 新しい社会パターンを構築する
175. 機関の作業を過剰負担にする
176. 業務を停滞させる
177. 集会で介入演説をする
178. ゲリラ演劇を上演する

---

(18) 入場が禁止されている海や池に入ること。

179. 別の社会的機関をつくる
180. 別の通信システムをつくる

経済的介入の方法

181. 逆ストライキを起こす(19)
182. 居座りストライキをする(20)
183. 非暴力的に土地の差し押さえをする
184. 封鎖を無視する
185. 政治的動機による偽造を行う
186. 妨害的な買い占めを行う
187. 資産を差し押さえる
188. 投げ売りをする
189. 選択的に後援する
190. 別の市場をつくる
191. 別の交通システムをつくる
192. 別の経済機関をつくる

政治的介入の方法

193. 行政機関を過剰負担にする
194. 秘密警察の身分を暴く
195. 拘束を求める
196. “中立的”法律への市民的な不服従を行う(21)
197. 非協力の下に仕事を続行する

---

(19) 必要以上に働いて、従業時間や生産量をオーバーさせること。
(20) 職場には来るが、作業は行わないストライキ。目的が達成されるまで続けられる。
(21) 独裁政権が提示する一見中立に見える法律を受け入れないこと。

198. 二重統治や並行政府を打ち立てる

ジーン・シャープ (Gene Sharp)

1928-2018年、アメリカ・オハイオ州生まれ。オハイオ州立大学卒業後、オックスフォード大学で政治理論の博士号を取得。ハーバード大学国際関係センターで30年以上の研究生活を過ごしてのち、アルバート・アインシュタイン研究所を創設し、自ら上級研究員として在籍。「非暴力のマキャヴェリ」とも称される理論家。『*The Politics of Nonviolent Action*』(3 vols.)、『*Waging Nonviolent Struggle: 20th Century Practice and 21st Century Potential*』、『*Sharp's Dictionary of Power and Struggle: Language of Civil Resistance in Conflicts*』などの著書がある。
アインシュタイン研究所webサイト：http://www.aeinstein.org

訳者：瀧口範子 (たきぐち・のりこ)

ジャーナリスト、編集者。テクノロジーや建築を中心に執筆活動をしている。上智大学外国語学部を卒業後、スタンフォード大学工学部コンピュータ・サイエンス学科客員研究員（フルブライト・ジャーナリストプログラム）。シリコンバレー在住。

著者写真　Marilyn Humphries

八月の砲声（下）　バーバラ・W・タックマン　山室まりや訳

なぜ世界は戦争の泥沼に沈んだのか。政治と外交と軍事で何がどう決定され、また決定されなかったのかを克明に描く異色の戦争ノンフィクション。

最初の礼砲　バーバラ・W・タックマン　大社淑子訳

独立戦争は18世紀の世界戦争であった。豊富な挿話を積み上げながら、そのドラマと真実を見事な語り口で描いたピュリッツァー賞受賞作家の遺著。

米陸軍日本語学校　ハーバート・パッシン　加瀬英明訳

第二次大戦中、アメリカは陸海軍で日本語の修得を目的とする学校を設立した。著者の回想によるその実態と、占領将校としての日本との出会いを描く。

アイデンティティが人を殺す　アミン・マアルーフ　小野正嗣訳

アイデンティティにはひとつの帰属だけでよいのか？　人を殺人にまで駆り立てる思考を作家は告発する。大反響を巻き起こしたエッセイ、遂に邦訳。

世界の混乱　アミン・マアルーフ　小野正嗣訳

二十一世紀は崩壊の徴候とともに始まった。国際関係、経済、環境の危機に対して、絶望するのではなく、緊急性をもって臨むことを説いた警世の書。

震災画報　宮武外骨

混乱時のとんでもない人のふるまいや、同じ町内で生死を分けた原因等々を詳述する、外骨による関東大震災の記録。人間の生の姿がそこに。（吉野孝雄）

独裁体制から民主主義へ　ジーン・シャープ　瀧口範子訳

すべての民主化運動の傍らに本書が。独裁体制を研究しつくした著者が示す非暴力による権力打倒の実践的方法。「非暴力行動の198の方法」付き。本邦初訳。

国家と市場　スーザン・ストレンジ　西川潤／佐藤元彦訳

国際関係を「構造的権力」という概念で読み解いた歴史的名著。経済のグローバル化で秩序が揺らぐ今、持つべき視点がここにある。（鈴木一人）

私の憲法勉強　中野好夫

戦後、改憲論が盛んになった頃、一人の英文学者が日本国憲法をめぐる事実を調べ直し、進行する事態に警鐘を鳴らした。今こそその声に耳を傾けたい。

リキッド・モダニティを読みとく
ジグムント・バウマン
酒井邦秀訳
変わらぬ確かなものなどもはや何一つない現代世界。社会学の泰斗が身近な出来事や世相から〈液状化〉の具体相に迫る真摯で痛切な論考。文庫オリジナル。

社会学の考え方〔第2版〕
ジグムント・バウマン／ティム・メイ
奥井智之訳
日常世界はどのように構成されているのか。日々変化する現代社会をどう読み解くべきか。読者を〈社会学的思考〉の実践へと導く最高の入門書。新訳。

コミュニティ
ジグムント・バウマン
奥井智之訳
グローバル化し個別化する世界のなかで、コミュニティはいかなる様相を呈しているか。安全をとるか、自由をとるか。代表的社会学者が根源から問う。

近代とホロコースト〔完全版〕
ジグムント・バウマン
森田典正訳
近代文明はホロコーストの必要条件であった——。社会学の視点から、ホロコーストを現代社会の本質に深く根ざしたものとして捉えたバウマンの主著。

ウンコな議論
ハリー・G・フランクファート
山形浩生訳／解説
ごまかし、でまかせ、いいのがれ。なぜ世の中、こんなものがみちるのか。道徳哲学の泰斗がその正体とカラクリを解く。爆笑必至の訳者解説を付す。

21世紀を生きるための社会学の教科書
ケン・プラマー
赤川学監訳
パンデミック、経済格差、気候変動など現代世界が直面する諸課題を視野に収めつつ社会学の新しい知見を解説。社会学の可能性を論じた決定版入門書。

世界リスク社会論
ウルリッヒ・ベック
島村賢一訳
迫りくるリスクは我々から何を奪い、何をもたらすのか。『危険社会』の著者が、近代社会の根本原理をくつがえすリスクの本質と可能性に迫る。

民主主義の革命
エルネスト・ラクラウ／シャンタル・ムフ
西永亮／千葉眞訳
グラムシ、デリダらの思想を摂取し、根源的で複数的なデモクラシーへ向けて、新たなヘゲモニー概念を提示した、ポスト・マルクス主義の代表作。

鏡の背面
コンラート・ローレンツ
谷口茂訳
人間の認識システムはどのように進化してきたのか、そしてその特徴とは。ノーベル賞受賞の動物行動学者が試みた抱括的知識による壮大な総合人間哲学。

人間の条件
ハンナ・アレント　志水速雄訳
人間の活動的生活を《労働》《仕事》《活動》の三側面から考察し、《労働》優位の近代世界を思想史的に批判したアレントの主著。（阿部齊）

革命について
ハンナ・アレント　志水速雄訳
《自由の創設》をキイ概念としてアメリカとヨーロッパの二つの革命を比較・考察し、その最良の精神を二〇世紀の惨状から救い出す。（川崎修）

暗い時代の人々
ハンナ・アレント　阿部齊訳
自由が著しく損なわれた時代を自らの意思に従い行動し、生きた人々。政治・芸術・哲学への鋭い示唆を含み描かれる普遍的人間論。（村井洋）

責任と判断
ハンナ・アレント　ジェローム・コーン編　中山元訳
思想家ハンナ・アレント後期の未刊行論文集。人間の責任の意味と判断の能力を考察し、考える能力の喪失により生まれる〈凡庸な悪〉を明らかにする。

政治の約束
ハンナ・アレント　ジェローム・コーン編　高橋勇夫訳
われわれにとって「自由」とは何であるのか――。政治思想の起源から到達点までを描き、政治的経験の意味に根底から迫った、アレント思想の精髄。

プリズメン
Th・W・アドルノ　渡辺祐邦／三原弟平訳
「アウシュヴィッツ以後、詩を書くことは野蛮である」。果てしなく進行する大衆の従順化と、絶対的物象化の時代における文化批判のあり方を問う。

スタンツェ
ジョルジョ・アガンベン　岡田温司訳
西洋文化の豊饒なイメージの宝庫を自在に横切り、愛・言葉そして喪失の想像力が表象に与えた役割をたどる。21世紀を牽引する哲学者の博覧強記。

事物のしるし
ジョルジョ・アガンベン　岡田温司／岡本源太訳
パラダイム・しるし・哲学的考古学の鍵概念のもと、「しるし」の起源や特権的領域を探求する。私たちを西洋思想史の彼方に誘うユニークかつ重要な一冊。

アタリ文明論講義
ジャック・アタリ　林昌宏訳
歴史を動かすのは先を読む力だ。混迷を深める現代文明の行く末を見通し対処するにはどうすればよいのか。「欧州の知性」が危難の時代を読み解く。

ちくま学芸文庫

独裁体制《どくさいたいせい》から民主主義《みんしゅしゅぎ》へ
権力《けんりょく》に対抗《たいこう》するための教科書《きょうかしょ》

二〇一二年八月十日　第一刷発行
二〇二二年五月二十五日　第六刷発行

著者　ジーン・シャープ
訳者　瀧口範子（たきぐち・のりこ）
発行者　喜入冬子
発行所　株式会社　筑摩書房
東京都台東区蔵前二―五―三　〒一一一―八七五五
電話番号　〇三―五六八七―二六〇一（代表）
装幀者　安野光雅
印刷所　株式会社加藤文明社
製本所　株式会社積信堂

ISBN978-4-480-09476-6 C0131